LES RAPACES

De la même autrice

Je serai président !, La Tengo, Paris, 2016

Les Arènes,
17-19, rue Visconti, 75006 Paris
Tél. : 01 42 17 47 80

Pour découvrir nos nouveautés, rendez-vous sur notre site arenes.fr.
Retrouvez les vidéos inspirées de nos livres sur la chaîne YouTube
« Les Arènes du Savoir ». Et suivez-nous sur les réseaux sociaux !

@les_arenes

CAMILLE VIGOGNE LE COAT

LES RAPACES

LES ARÈNES

À CEUX QUI OSENT PARLER

AVANT-PROPOS

Quand je publie, en janvier 2023, une première enquête[1] mettant en cause David Rachline pour des faits présumés de corruption, celui-ci fait immédiatement acheter par son équipe tous les exemplaires du journal en vente dans les kiosques de Fréjus. Derrière lui, le Rassemblement national fait bloc. Marine Le Pen passe un coup de fil au vice-président du parti d'extrême droite, son « meilleur ami » dit-elle, chez qui elle a organisé, huit années durant, sa rentrée politique. Jordan Bardella se rend sur les plateaux de télévision pour répéter qu'une plainte a été déposée contre *L'Express* et contre moi. Un mensonge. Ils ne bougeront pas. Le député européen Thierry Mariani fait pression sur un des témoins pour le convaincre de se taire en échange d'un hypothétique emploi. Le secrétaire général du groupe RN à l'Assemblée, Renaud Labaye, ancien assistant parlementaire de

1. « À Fréjus, le "système" Rachline : montres de luxe, amitiés sulfureuses, tambouille électorale… », *L'Express*, 11 janvier 2023.

David Rachline au Sénat, ordonne aux 89 députés RN de cesser tout contact avec moi, lors d'une réunion de groupe, début février.

Aucune enquête interne au Rassemblement national n'est diligentée à propos des révélations de cet article. Personne ne cherche à savoir – entre autres – pourquoi David Rachline porte à son poignet une montre à plus de 15 000 euros, réglée en liquide par son chauffeur. Personne ne se demande si le maire de Fréjus peut rester vice-président du parti lepéniste malgré son mode de vie frénétique, ses dépenses inconsidérées, les liasses de billets de banque qu'il sort de ses poches et ses fréquentations douteuses. Au contraire, le parti fait rang, comme un seul homme, autour de lui.

Et si David Rachline n'était pas un homme isolé, une brebis galeuse, mais le symptôme d'une maladie politique plus profonde au sein du parti ? Sa manière de diriger Fréjus, en récupérant les vieux réseaux de la droite classique et son affairisme, dans un climat diffus d'antisémitisme et de racisme, est celle que le parti de Marine Le Pen pourrait étendre demain à la France entière s'il accédait au pouvoir. Une loupe grossissante.

J'ai donc décidé de continuer à enquêter. De passer mes jours, une partie de mes nuits, à éplucher les comptes rendus de conseils municipaux, les rapports de la Cour des comptes, les archives des journaux. De récupérer, grâce à d'indispensables relais locaux, des dizaines d'enregistrements, une centaine de photos, des mails en pagaille, des factures, plusieurs conversations WhatsApp. « Il y a une journaliste qui fait chier », lance David Rachline sur un des enregistrements que je me suis procurés. Avant de se rassurer : « J'ai trouvé la parade. » Après un an et demi d'enquête, la centaine de témoignages recueillis et les preuves collectées racontent tous la même histoire. Celui d'un bout de France où le Rassemblement national s'est servi pour s'enrichir et se divertir, au détriment des administrés et sans autre boussole que celle de son intérêt particulier. Voilà l'histoire des rapaces.

PROLOGUE

David Rachline est tendu, en ce début d'année 2015, avant d'arriver chez Alexandre Barbero, dans son luxueux complexe du Clos des Roses. Le maire de Fréjus, élu quelques mois plus tôt, est invité pour la première fois à déjeuner par le richissime patron des bâtiments et travaux publics. Du chauffeur de taxi au commerçant, nul n'ignore, dans l'agglomération, que l'homme est l'un des véritables maîtres du Var. Un employé de la Ville de Fréjus, sexagénaire, guide le jeune élu, en habitué. Marcel Sabbah rassure son nouveau patron : « Ça va bien se passer, tu verras. » David Rachline a tout juste 27 ans.

Le déjeuner dure un peu plus de deux heures. Alexandre Barbero, quinquagénaire aux cheveux bruns relevés par de la laque, n'est pas seulement le propriétaire de ce vaste domaine dédié au vin, à l'hôtellerie et à la restauration. Il règne aussi sur le plus gros consortium d'entreprises de l'Est-Var : une holding regroupant plus de dix entités, dans l'hôtellerie, la restauration, le tourisme, et surtout le bâtiment

– secteur auquel cette famille d'immigrés piémontais doit d'être devenue millionnaire. En sortant de là, Marcel Sabbah et David Rachline ne prêtent même pas attention à d'éventuels témoins. Pourtant, des yeux attentifs notent dans leurs mains deux enveloppes. Banales, en papier kraft, format A4, 30 centimètres de long sur 20 de large. Une chacun ; elles ne sont même pas fermées.

Aux enveloppes se sont ajoutés les cadeaux, les sorties en bateau, les week-ends à Monaco[1]... La générosité de son clan semble sans limites. Elle assure à ses entreprises de BTP une position hégémonique sur les appels d'offres à Fréjus et dans la communauté d'agglomération. Elle garantit aussi tranquillité et prospérité à ses autres affaires : construction de programmes immobiliers privés, golf, concessions de plage, hôtellerie de luxe... La famille tient entre ses mains plus de pouvoir que n'importe quel élu dans cet environnement sans charme que sont les villes nouvelles de Fréjus et Saint-Raphaël, où se massent les touristes, l'été, et, l'hiver, les retraités en

1. « Des affirmations péremptoires aussi gravissimes que diffamatoires », selon un courrier d'Alexandre Barbero (voir Annexes, p. 199), qui nie fermement le moindre échange financier. L'ensemble des relations entre la famille Barbero et le maire de Fréjus fait l'objet d'un chapitre détaillé plus loin dans ce récit (chapitres 3 et 4).

recherche de douceur. Seul le cœur de la vieille ville, aux façades ocre, a résisté aux assauts du béton, ininterrompus depuis les années 1970. Les riches Varois, eux, dominent l'ensemble depuis les hauteurs, nichés dans des villas cossues, derrière les palissades et les palmiers.

Comment dépenser – ou cacher – des milliers d'euros en liquide sans éveiller les soupçons ? David Rachline flambe. Il crame, même. Dans les bars, beaucoup, de préférence ceux de ses amis. Dans les fringues. Le Varois aime les marques clinquantes et les logos à damier. Pour plus de discrétion, il met souvent le cap sur Saint-Tropez, où il lui arrive de lâcher un SMIC dans une plage privée. Carré VIP, champagne millésimé, espace réservé : l'addition se règle exclusivement en liquide. Quand le maire demande à un fonctionnaire d'aller lui acheter des cigarettes, il sort de sa poche un billet de 500 euros. Pour son poignet, l'édile possède une collection de montres de luxe, une Cartier, deux Rolex, une Hublot, dont la valeur oscille entre 4 000 et plus de 15 000 euros, portées (ou pas) en fonction des circonstances. Il sait pourtant que les signes extérieurs de richesse sont dangereux, en politique. Ses fonctions à la Ville, son mandat de conseiller régional de Provence-Alpes-Côte d'Azur et ses diverses présidences de sociétés d'économie mixte lui rapportent au total 8 500 euros par mois. Son train de vie est impossible à expliquer par ses seuls émoluments de maire ou de sénateur, mandat qu'il a occupé entre 2014 et 2017, avant d'y renoncer pour se conformer au non-cumul.

La face clinquante de l'homme cohabite avec une prudence qui confine à la paranoïa. Depuis que les enveloppes ont commencé à circuler, le vice-président du Rassemblement national vit dans la crainte d'une perquisition qui réduirait à néant sa réussite, érigée en modèle au sein de l'extrême droite française. Il n'a acheté qu'une modeste maison, avenue du Musée-des-Troupes-de-Marine, dans un quartier résidentiel sans histoires, pour environ 300 000 euros. L'argent, tout le reste de l'argent, quand il ne le dilapide pas, est caché.

Une partie du liquide aurait longtemps dormi chez lui, dans le tiroir à chaussettes de son dressing ou dans des sacs, à l'abri des regards. Puis il a pris peur : des perquisitions, des curieux, des délateurs. Certains amis ont accepté de payer pour lui des dépenses courantes en échange de remboursements en liquide. D'autres gardent carrément une partie du butin chez eux, tenant la comptabilité des dépenses du maire sur un bout de papier. Des témoins notent que son premier chauffeur ne se déplaçait jamais sans une épaisse pochette en cuir. Deux jurent avoir vu le collaborateur s'en servir pour transférer l'argent d'un point A à un point B, ou réaliser de luxueux achats pour le compte du maire. « Tu n'as jamais gardé de liquide en grande quantité, toi ? » demande-t-il, pris de panique, à plusieurs interlocuteurs au cours de mon enquête. Une phrase qu'on entend distinctement sur l'un des enregistrements que je me suis procurés. À d'autres, enfin, David Rachline ordonne le silence, en cas de questions de journaliste ou, pire, de convocation judiciaire. « Si tu entends parler de ça, aucun commentaire. Surtout, tu fonces. »

Les promesses de David Rachline d'une gestion « exemplaire » de la Ville n'auront duré que quelques mois, après son élection, en avril 2014. En campagne, le frontiste promettait pourtant « la fin d'un système » et une gestion municipale rigoureuse. Mais l'enfant du pays n'a pas tardé à épouser l'affairisme, cancer du département, pour s'y vautrer jusqu'à la caricature. Il disposait pour cela de prédispositions : un goût immodéré pour la fête, des amitiés nourries avec des figures du GUD, ce groupuscule violent d'extrême droite dont les anciens chefs sont reconvertis dans les affaires, et une culture clanique forgée dans le Front national de Jean-Marie Le Pen.

Le terreau varois a aussi ses spécificités. Plus proche de l'Italie que de Maubeuge, par sa géographie comme par sa culture, ce bout de France baigné de soleil a toujours pris des libertés avec la légalité. Ici, la nature est généreuse, palmiers gigantesques, criques cristallines, champs d'oliviers. Aussi généreuse que les promoteurs locaux, surtout lorsqu'il faut convaincre un élu de bétonner un coin de plage. Dans le Var, tout est à vendre, y compris les responsables de l'État. « L'argent a tout corrompu », me confiait à regret François Léotard, fin avril 2023, quelques jours avant sa mort. L'ancien ministre de Jacques Chirac a été maire de Fréjus pendant vingt ans.

Aujourd'hui, le département se divise entre une côte enrichie par la manne des touristes, de Saint-Tropez à Saint-Raphaël, et un arrière-pays délaissé. Le début du XXe siècle semble loin, époque où le territoire était surnommé « le Var rouge », fief radical-socialiste où régnait un baron local nommé Georges Clemenceau. Dominé par la droite ces quatre dernières décennies, le département a récemment basculé à l'extrême droite. Depuis 2022, sept députés sur huit portent les couleurs du Rassemblement national.

Il est d'usage, ici, que la carrière des élus se termine devant les tribunaux, où des peines d'inéligibilité renforcent parfois les condamnations pénales pour des malversations liées à l'exercice de leurs mandats. Les maires de Toulon, Maurice Arreckx, Jean-Marie Le Chevallier, Hubert Falco. Ceux de Fréjus, François Léotard, Élie Brun. Et tous les autres. En 2021, c'était au tour du président du département, Marc Giraud (Les Républicains), puis de Ferdinand Bernhard, le maire de Sanary, d'être condamnés pour détournement de fonds publics.

L'assassinat de la députée UDF Yann Piat avait pourtant laissé penser qu'une page se tournait. Le 25 février 1994, six balles traversèrent la peau de l'élue, transfuge de l'extrême droite, alors qu'elle quittait sa permanence d'Hyères. La candidate aux municipales dénonçait les magouilles locales, les relations troubles entre banditisme et électoralisme, la corruption et la culture du service rendu. Jamais une députée n'avait été assassinée par un tireur à moto, fauchée par un commando sur le bord d'une route, façon western. À l'époque, l'ampleur du choc a fait espérer qu'un voile se déchire enfin sur l'omerta qui planait sur le département. On annonçait la fin de l'impunité et une vaste opération « Mains propres » à la française. Terminés, les attentats contre les restaurants et les boîtes de nuit, les incendies de bar jamais élucidés, les relations floues aux règles imprécises. L'Assemblée nationale plancha même sur une loi antimafia, envisagea de retirer les pouvoirs d'urbanisme aux élus des territoires concernés, de revoir les règles de décentralisation…

Rien de tout cela n'est arrivé. Bien sûr, le tireur, les guetteurs, et le chauffeur de la moto, tous assassins de Yann Piat, ont été condamnés, mais un épais mystère varois entoure toujours l'identité des donneurs d'ordre. Mon enquête m'a appris que ce bout de territoire reste régi par une culture mafieuse, à l'italienne. Ici, la lutte contre la corruption est un créneau électoral porteur, mais s'arrête souvent une fois les portes du pouvoir franchies. Les paillotes de plage brûlent toujours, les décharges sauvages se multiplient, les contrats pharaoniques avec les géants du BTP aussi…

En s'emparant de Fréjus, en 2014, David Rachline a récupéré les fruits d'un système politico-financier avantageux et épousé les us et coutumes d'un département où les règles semblent faites pour les autres. Il a poussé le phénomène à l'extrême, piétinant la promesse de Marine Le Pen « d'une gestion exemplaire et d'une ville modèle », continuant à creuser l'endettement de la ville, offrant toujours plus de contrats à un seul entrepreneur, noyant chaque jour davantage sa Ville sous le béton et l'argent. Deux obsessions guident son action : l'enrichissement – personnel et de son entourage – et la xénophobie, tolérée, voire érigée en politique municipale, quand il est par exemple question de l'attribution de logements sociaux.

1
RACHLINE, UNE ASCENSION ÉCLAIR

Dominique Vandra est conseillère municipale de Fréjus depuis 2014, chargée des animaux. Un poste sur mesure pour cette femme de 75 ans. Sur Facebook, la retraitée publie peu de slogans politiques. Elle s'est en revanche abonnée à des dizaines de pages anti-vénerie, anti-chasse, anti-cirque avec animaux, anti-corrida, jusqu'aux collectifs « Sauvons les putois », « Pour la protection des blaireaux », ou encore « Sauvons les hérissons ». Pendant des décennies, cette ancienne gérante de cafétéria grossissait les rangs des abstentionnistes. Mais tout a changé lorsque son fils s'est engagé en politique. Désormais, la mère de David Rachline est encartée au Rassemblement national.

Cette position privilégiée n'apporte aucun traitement de faveur à la septuagénaire au sein de la commune. Son fils méprise ouvertement cette femme réputée fragile, souvent déprimée, qu'il n'hésite pas à humilier devant le personnel municipal. « Ne m'embête pas avec ça », a-t-il coutume d'asséner à celle qui a fini par obtenir, à force de lamentations,

« la création d'une chatterie relais pour les animaux abandonnés ». Le maire peut se montrer plus cruel encore. Quand Dominique Vandra souhaite déjeuner avec lui, elle est priée d'appeler sa secrétaire afin d'obtenir un rendez-vous. Au sein de la mairie, la conseillère municipale s'épanche volontiers auprès de ses colistiers ou de collaborateurs sur cet enfant autrefois « anxieux et tendre » devenu si méfiant et rugueux. « Mon fils est un chat qui aime jouer avec les souris », confie-t-elle à ces oreilles attentives.

Elle s'inquiétait déjà, il y a des années, de ce garçon si secret, qui refusait, malgré les demandes de ses professeurs, de consulter un psychologue après le décès de son père, disparu en quelques semaines à l'été 2001 d'un cancer fulgurant. David Rachline a alors 14 ans. Sur les photos de classe, à Fréjus, le gamin brun et joufflu est souvent assis au premier rang, au milieu. Derrière ses sourires, ses camarades de classe évoquent un enfant seul, à l'écart. « Il a eu une enfance très, très difficile », rappelle régulièrement sa mère. À la maison, l'ado s'enferme dans son petit pavillon de la classe moyenne, lotissement calme, maison beige et volets bleus, à l'ombre des cyprès. Dès ses 15 ans, il dévore le journal *Français d'abord,* feuille de chou de Jean-Marie Le Pen, surnommé avec déférence « président ». Au lycée, ses camarades le baptisent « le petit facho ». Même dans le Var, ce n'est pas un gage de popularité.

Qu'est-ce qui pousse un jeune garçon à développer une admiration sans bornes pour le chef de file de l'extrême droite, à un âge où d'autres vivent leurs premières amours ? David Rachline évoque la passion du verbe et les formules du tribun, dont il écoute religieusement toutes les interventions à la télévision. Son admiration pour « le Menhir » est telle que, pendant des années, ses proches notent qu'il tente en vain d'adopter le même ton, donnant à son phrasé un air grandiloquent un peu ridicule. « Il recherchait une famille, et vibrait à l'idée que la Nation puisse être une communauté de substitution », se souvient Julien Rochedy. L'ancien président du Front national de la jeunesse (FNJ) a bien connu son prédécesseur à la tête de l'institution, avec lequel il partageait des idéaux, le sens de la fête et une fascination pour les franges les plus radicales de l'extrême droite.

Si David Rachline se cherche une famille, c'est qu'il a mis beaucoup de distance avec la sienne. De son père prof de maths devenu assureur, juif d'origine ukrainienne, le fils n'a conservé que la passion de la Formule 1. Politiquement, l'enfant de Fréjus emprunte une route opposée à celle choisie par ce socialiste, lecteur du *Canard enchaîné* et de *L'Obs*, électeur de Lionel Jospin. « Un vrai gaucho », se souvient une voisine. De quoi faire dire à plusieurs proches que l'adolescent trouve, dans sa fascination pour Jean-Marie Le Pen, une manière de s'opposer à la figure paternelle, même en son absence.

David Rachline n'aime pas parler de Serge, son père. Le fils est d'un naturel secret, d'une méfiance absolue quand il est question d'intime. Peu de gens savent, au parti, qu'il a trois demi-sœurs issues des précédents mariages de ses parents. De toute façon, il n'a presque aucun contact avec elles. Du côté Rachline, ses deux sœurs, métisses, n'ont jamais digéré l'engagement politique du petit frère. Elles sont d'ailleurs introuvables sous leur nom de jeunes filles. La troisième, côté Vandra, habite aux Pays-Bas. Un réveillon de Noël désastreux a jeté un froid sur leur relation.

Le maire est plus volubile quand il s'agit d'évoquer sa trajectoire de jeune surdoué de la politique, passé en une décennie de simple militant varois à sénateur-maire d'une ville de 53 000 habitants. Il rencontre Jean-Marie Le Pen un soir de décembre 2003. Le fondateur du FN est venu animer une réunion publique à Saint-Raphaël. David Rachline fête ses 16 ans, ce jour-là : le lycéen repartira avec une pile de livres dédicacés. Galvanisé, il enchaîne les allers-retours en TGV entre le Sud et Paris. Sa mère n'a pas la force de l'en empêcher. Et qui sait, espère-t-elle, si les voyages parisiens du fils ne contribueront pas à l'aider à surmonter le deuil ? « Elle n'a pas su le retenir, ni l'en empêcher », constate à regret une amie de la famille. En quelques mois, le lycéen change de fréquentations, de lectures, développe un discours radical et clivant. Un an et demi après sa première rencontre avec Jean-Marie Le Pen, David Rachline prend en main le mouvement de jeunes du « Vieux » en vue de sa campagne présidentielle de 2007. Rien ne sera plus comme avant.

Le garçon s'exprime bien, d'un ton assuré. De quoi faire oublier, par la suite, son seul bac STT, et l'abandon rapide de ses cours de droit par correspondance. Marine Le Pen, alors directrice de campagne, repère ce post-adolescent efficace et poli. Elle l'intègre au bureau de campagne, les trente personnes qui pilotent la stratégie depuis le siège du Paquebot, à Saint-Cloud.

En parallèle, David Rachline travaille son terrain. Le Varois est élu à 20 ans conseiller municipal de Fréjus. Le plus jeune de France, claironne-t-il, emportant son premier record d'une longue série. Les militants historiques se souviennent encore de cet enfant complexé, qui parlait pourtant comme un homme, à qui l'on donnait facilement le double de son âge avec sa silhouette ronde et ses tempes dégarnies. À l'époque, les lepénistes du coin se relaient pour servir de chauffeur à celui qui n'a pas le permis ; pour offrir des cigarettes, le péage, ou un bon repas à l'éternel fauché.

Fin 2008, l'ambitieux devient coordinateur national du Front national de la jeunesse. Une pépinière, pour le parti. Un accélérateur de carrière, pour ceux qui savent en sortir. Les habitués de Montretout – l'imposante demeure de Saint-Cloud sert à la fois de propriété à Jean-Marie Le Pen et de quartier général – aperçoivent souvent sa silhouette, dans un petit bureau du rez-de-chaussée. Le novice singe ses aînés. Il achète ses premiers costumes grâce à sa petite amie de l'époque, standardiste au siège du Front national, qui s'endette pour satisfaire les envies de faste de son compagnon. « On aurait dit qu'il sortait de prison », se remémore un artisan de ses premières campagnes fréjusiennes, évoquant un jeune homme qui voulait tout, tout de suite, et surtout le plus clinquant. « David avait déjà le ventre et la calvitie d'un élu local à 22 ans. Il était fait pour ça. Avec tout le bien et le mal que cela suppose », lâche Julien Rochedy.

Marine Le Pen voit d'un bon œil ce jeune toujours prêt à rendre des services, soucieux de dépoussiérer le parti mais sans remettre en cause l'autorité du chef. D'autres se méfient de son ambition. « Un petit apparatchik, intrigant et manœuvrier, qui voulait être près du soleil », se souvient le député européen Nicolas Bay, aujourd'hui passé au parti Reconquête ! d'Éric Zemmour. David Rachline est l'un des premiers en interne à réhabiliter la figure du général de Gaulle en imprimant sa silhouette sur les affiches du FNJ. Une audace, dans ce parti où les nostalgiques de l'Algérie française sont légion, des années avant que

Marine Le Pen ne se convertisse au gaullisme sous l'influence de son éphémère numéro deux Florian Philippot.

Le militant jure pour autant se trouver à « l'avant-garde du FN, un peu plus dur », comme lorsqu'il présente fièrement, en février 2010, des affiches représentant une femme en burqa devant une carte de France couverte d'un drapeau algérien et d'une demi-douzaine de minarets. « Lepéniste intégral » ou « lepéniste total » selon ses mots, il a vite compris la règle essentielle pour survivre au sein du mouvement à la flamme : assurer le chef de son absolue et éternelle dévotion.

De lepéniste, le Varois devient « mariniste » à la faveur du congrès de Tours de 2011, qui voit Marine Le Pen prendre la présidence du FN. David Rachline intègre sa garde rapprochée dans le cadre de la compétition qui oppose l'héritière au numéro deux, Bruno Gollnisch. Il mobilise les jeunes, et se sert d'Internet en précurseur. Le jeune homme se lie alors d'amitié avec Bruno Bilde et Steeve Briois, les deux hommes forts d'Hénin-Beaumont (Pas-de-Calais), berceau du marinisme. Conquis par ce jeune militant disponible, affable et motivé, ils partagent avec lui soirées, week-ends et vacances. Le trio hérite d'un surnom : les BBR. Bilde, Briois, Rachline.

De responsable FNJ, le cadre devient secrétaire national, et intègre la très stratégique commission nationale d'investiture. Marine Le Pen lui confie la coordination Web de sa première campagne présidentielle, en 2012. Puis la direction de sa campagne tout court, cinq ans plus tard. Le benjamin du groupe est malin. Lorsque Florian Philippot prend du galon au sein du mouvement, le Varois intègre rapidement le cercle de ses proches. Le stratège apprend aussi à s'éloigner discrètement lorsque le vent tourne. Jamais il ne prendra la parole pour défendre son père spirituel, Jean-Marie Le Pen, lors de son exclusion du parti, en 2015, ni pour appuyer Philippot lors de son départ du mouvement, en 2017. Il continuera pourtant à voir régulièrement les deux hommes. Discrètement. Comme à Noël 2022, lorsque David Rachline retrouva le fondateur des Patriotes pour une petite sortie à la fête foraine du jardin des Tuileries, à Paris.

« David est très politique, il tient un langage différent dans les réunions et dans le privé », rapporte Philippot. En petit comité, le vice-président du RN tiendrait selon lui pour indéfendable le programme de son parti, qui ne propose plus la sortie de l'Union européenne. Personne, au fond, ne sait vraiment ce que pense David Rachline. Peut-être est-il tout simplement assez habile pour adapter son discours à son auditoire ou à son interlocuteur.

Quand le maire de Fréjus parle avec des journalistes, le « off », cette pratique qui consiste à adopter un langage plus cru en échange d'une promesse d'anonymat, n'existe pas. Les éléments de langage sont recrachés sans finesse. Dans les instances du mouvement, le plus souvent, le vice-président reste silencieux, soucieux de ne froisser personne. Une discrétion, un sens aigu du contrôle et une habileté qui lui ont permis de monter une à une les marches du parti.

2

FRÉJUS, L'ÉTOILE FRONTISTE

La ville de Fréjus est la clé de l'ascension de David Rachline. La cité romaine a offert au jeune conseiller municipal un ancrage, un statut et une place de choix au cœur d'un Front national en recherche de dédiabolisation. Depuis ses premières expériences municipales désastreuses des années 1990, durant lesquelles le parti d'extrême droite s'est illustré par sa mauvaise gestion et son clientélisme, le FN recherche des vitrines présentables. L'enfant du pays sait la ville prenable. La cité balnéaire, baignée de soleil et constellée de retraités aux cheveux argentés, offre souvent à la famille Le Pen d'excellents résultats aux élections nationales, d'autant qu'elle compte encore des milliers de rapatriés d'Algérie et leurs descendants. En mars 2011, David Rachline réalise aux élections départementales le meilleur score hexagonal du FN : seules 670 voix le séparent de son adversaire, pourtant maire de la ville. Le frontiste, devenu conseiller régional un an plus tôt, se jure de prendre Fréjus au prochain scrutin municipal, en 2014.

Élie Brun, le maire sortant, en place depuis 1997, présente le portrait-robot parfait de l'élu discrédité, rongé par l'alcool et la dépression. Dans ses meetings, le sexagénaire au cheveu rare et au visage fatigué égratigne certains mots, en confond d'autres, malmène la syntaxe et la conjugaison... Côté judiciaire, l'édile est accusé d'avoir placé nombre de ses proches à la mairie, et de veiller davantage aux intérêts particuliers de ses affidés qu'à ceux de la cité. Après seize ans à la tête de la commune, son bilan est indéfendable : la ville se trouve au bord du gouffre financier, rongée par un endettement pharaonique. Trois mois avant l'élection, il est condamné à cinq ans d'inéligibilité pour prise illégale d'intérêts. Élie Brun ne doit d'ailleurs sa candidature qu'à un appel, qui suspend provisoirement l'exécution de sa peine.

Absent des conseils municipaux depuis deux ans, lâché par ses soutiens, notamment l'ancien maire François Léotard, Élie Brun n'obtient même pas l'investiture de son parti, l'UMP, en vue des élections municipales de 2014. La formation de droite préfère soutenir un ancien membre de son équipe, Philippe Mougin. Une aubaine pour David Rachline, qui s'engouffre dans la brèche de ces divisions, et adopte sur le terrain les techniques de campagne observées à Hénin-Beaumont, quelques années plus tôt. En polo décontracté, il distribue des tracts sur l'endettement de la ville, promet d'incarner « un pôle de résistance » à même de « rompre avec le système politique local », et axe sa campagne sur le social. Dans ses réunions publiques, le frontiste évite les diatribes contre l'immigration. Si ce n'étaient les affiches de Marine Le Pen, çà et là, dans les salles, on en oublierait presque sa formation politique. Le candidat prend d'ailleurs grand soin de s'abstenir de citer le nom Le Pen à la tribune.

À ses électeurs, David Rachline fait une promesse : « limiter le bétonnage massif ». Sa priorité, répétée à longueur d'interviews. L'argument porte, dans un département régulièrement soumis à des inondations meurtrières et dévastatrices. À l'époque, le candidat FN affirme faire campagne « sur la morale publique » et pointe le mélange des genres à l'œuvre chez les sortants, « ce que la politique a de plus détestable ».

Fatigue démocratique, affaires judiciaires, normalisation de l'extrême droite, promesse de renouvellement… Le 5 avril 2014, David Rachline remporte la ville au second tour du scrutin, avec 45,55 % des voix dans une triangulaire l'opposant aux deux candidats de droite. Monsieur le maire a 26 ans. Deux ans de moins que Nicolas Sarkozy lors de sa conquête de Neuilly, se plaît-il à souligner. Le nouvel élu bat ses concurrents dans presque tous les bureaux de vote. Il arrive en tête dans les quartiers populaires, à l'exception de la Gabelle ; dans les grands ensembles bétonnés de Port-Fréjus, où se massent les retraités attirés par la douceur méditerranéenne, il triomphe. Même les quartiers bourgeois, préservés de l'insécurité et de l'immigration, ne lui ont pas résisté. Sur les hauteurs de la ville, comme à Saint-Aygulf, où les villas cossues dominent insolemment la mer, David Rachline remporte également le scrutin haut la main. « Mon premier objectif sera de redresser les finances de la ville », assure le vainqueur aux journalistes présents, promettant la réalisation immédiate d'un audit et une baisse des impôts.

À plus de 800 kilomètres de là, depuis son siège de campagne parisien, Marine Le Pen, elle, encense avec fierté la victoire de ce « bébé FN ». Le petit dernier apprend vite. Cinq mois plus tard, David Rachline devient le plus jeune sénateur de l'histoire de la Ve République, à 26 ans. Son costume de maire a rassuré les grands électeurs, bien au-delà des rangs du FN. Il suffit de faire les comptes : sur les 501 élus qui lui apportent leurs suffrages, seuls 215 émargent à l'extrême droite. Beaucoup de « petits élus », sans appartenance partisane, ont apporté leur soutien. Un nouveau signe de la dédiabolisation prônée par Marine Le Pen, clament les observateurs. Ce soir-là, le fondateur du Front national est le premier à l'appeler. « Je salue la victoire de David contre Goliath », le complimente au téléphone Jean-Marie Le Pen.

3

LE « CLAN » BARBERO

L'avenue Colonel-Brooke, à Saint-Raphaël, ressemble à n'importe quelle rue de quartier huppé de la Côte d'Azur. De grands arbres, de larges portails, de la discrétion… Sur l'une des façades de l'artère, des lettres déliées se détachent : *Villa Clair Bois*. Impossible de deviner, depuis la route, l'imposante demeure qui se cache derrière le mur ocre, mais tout le monde, ici, sait qu'il s'agit de la propriété d'Alexandre Barbero, entrepreneur incontournable de l'Est-Var, président de la Holding Delta Investissements (HDI) et directeur du géant du bâtiment RBTP, la Raphaëloise de bâtiments et travaux publics. Il est inutile de se hisser sur la pointe des pieds pour tenter d'y jeter un œil : des panneaux de bois sombre s'interposent. Impossible de tendre le cou vers le parking, donc, où sont garés les véhicules de la famille. Un vrai garage automobile de luxe, pourtant : une Lamborghini Urus pour monsieur, une Porsche Cayenne pour madame, un modèle sport de chez Audi pour la fille, quand les deux fils se partagent une Range Rover, un cabriolet et une voiture de collection…

Les caméras de surveillance donnent au lieu des airs de forteresse. Combien de centaines de mètres carrés peut-elle mesurer, cette immense bâtisse au toit orangé, que les guides touristiques ont inscrite dans leur parcours des villas Belle Époque du quartier de Valescure ? Construite en 1889, cette demeure de l'ère victorienne évoque une maison de Barbie, avec sa façade d'un blanc immaculé, typiquement anglaise, striée de bow-windows. À l'arrière, une grande fontaine ronde habille l'allée, assez large pour impressionner les invités les soirs de réception. La piscine, elle, se niche à l'abri des regards, au cœur d'un parc de plusieurs hectares, entre palmiers, oliviers et caroubiers. Luxe, calme et volupté.

Sur ce territoire qui fut un jour un village, personne n'ignore le nom de la famille Barbero, des Piémontais arrivés d'Italie au début du XXe siècle. Un clan d'agriculteurs, qui ont un jour été pauvres, selon la légende familiale. Sur les quatre frères, l'un est devenu ouvrier agricole, l'autre vendeur de fruits et légumes sur les marchés, le troisième policier et le dernier, Laurent, maçon. Si celui-ci a par la suite eu la riche idée de se reconvertir en promoteur immobilier, c'est son fils, Alex, enfant du baby-boom, qui a réellement posé les bases de la fortune du clan.

Après avoir débuté dans l'entreprise familiale comme maçon, lui aussi, Alex Barbero père crée la RBTP, en 1983, avec sa femme et trois salariés. L'homme a la bosse des affaires ; il comprend vite que les chantiers des particuliers rapportent bien moins que ceux des municipalités et leurs juteux contrats publics. Saint-Raphaël, Puget-sur-Argens, Roquebrune… Alex Barbero diversifie l'entreprise familiale, développe la canalisation, le goudronnage, le terrassement, les transports maritimes, l'hôtellerie. L'entreprise devient le leader des travaux publics dans le Var. Lors de ses obsèques, à l'été 2022, c'est tout le gotha politique et financier du département qui rend hommage au « patriarche », autour du clan réuni pour pleurer le disparu de 80 ans. Son portrait XXL en noir et blanc décore toujours le Clos des Roses, fastueux complexe de 36 hectares associant restaurant gastronomique et demeure de charme au milieu des vignes, à Fréjus, où il est inhumé. Un hommage de son fils Alexandre, l'héritier, né de son propre aveu avec « une cuillère en argent dans la bouche », qu'il « essaye de rendre en or ».

Aujourd'hui, les activités de la famille sont regroupées dans une holding, HDI, pour Holding Delta Investissements. La structure fédère, en plus de RBTP, une dizaine d'entreprises, parmi lesquelles le Clos des Roses, l'hôtel de luxe le Touring, à Saint-Raphaël, les plages privées de la Tortù, non loin de là, et du Prao, à Sainte-Maxime, le Democratic Golf, à Roquebrune-sur-Argens, les bateaux bleus de tourisme de Saint-Raphaël… De quoi faire des Barbero les véritables patrons de ce bout de département, plus influents que n'importe quel élu, fût-il maire.

« Les Barbero ont essayé à plusieurs reprises de s'infiltrer dans les affaires de Fréjus, du temps où j'étais maire », se souvenait François Léotard, en mars 2023, attablé dans une brasserie de la gare de Lyon. L'ancien édile de 81 ans relatait avec précision cette fois où le fils, Alexandre, était venu le voir dans son bureau, sans demander de rendez-vous. « Voilà ce que je te propose, on va faire une marina à la place de l'étang de Villepey », lui aurait dit l'entrepreneur. Un projet pharaonique, en zone protégée, dont la simple évocation a conduit l'ancien ministre de la Défense à mettre son interlocuteur à la porte, selon son récit. « Cette famille est un outil de pression sur le maire », déplorait François Léotard, jurant être toujours resté loin d'eux.

D'autres n'ont pas eu ces précautions. Sous le mandat d'Élie Brun, entre 1997 et 2014, ou sous celui de Georges Ginesta, dans la ville limitrophe de Saint-Raphaël, à la même période, les affaires du groupe prospèrent. En quelques années, les routes qui relient les deux communes se couvrent de dizaines d'onéreux ronds-points. Sur certains tronçons, on peut compter jusqu'à quinze ouvrages d'art pour cinq petits kilomètres. La création de la communauté d'agglomération, en 1999, véritable poule aux œufs d'or pour les entrepreneurs, ne fait qu'accentuer l'importance des contrats. En 2020, la holding familiale totalisait 80 millions de chiffre d'affaires. Loin, très loin, de la petite entreprise du grand-père à ses débuts. « Dans la famille, tout est lié à la terre. On est maçon ou primeurs », continue pourtant de narrer Alexandre Barbero lorsqu'il raconte son parcours.

L'héritier est un condensé d'un mètre soixante-treize de certitudes et de grands principes sur la vie, la famille, le sens de l'effort. Plus éruptif que le père, plus tapageur dans son amour du luxe (« J'ai pas besoin de grand-chose et en même temps, vu que je l'ai, j'en profite… »), le quinquagénaire a hérité d'un surnom dans le milieu du BTP : « Pacman ». Comme le personnage de jeux vidéo, dont l'objectif est de dévorer tout ce qui se trouve sur son passage. « Je veux tout », aime à répéter le nouveau patron d'HDI. Contrairement au père, qui tolérait une (maigre) concurrence, le fils ne laisse aucun contrat lui échapper. Les entreprises du territoire sont classées en deux catégories : avec, ou contre lui. Ceux qui ont le malheur de ne pas rouler dans son sillage l'ont affublé d'un autre surnom, « Don Corleone », en référence au personnage du *Parrain*. La liste de ses acquisitions l'a conduit jusqu'au club de football de l'Étoile, qui unit depuis 2009 les équipes de Fréjus et de Saint-Raphaël sous la même bannière bleu-blanc-rouge, aujourd'hui en quatrième division. Hâbleur, le « président » a promis à ses joueurs une prime de 30 000 euros chacun en cas de montée en Ligue 2. Le richissime entrepreneur est aussi un mécène : généreux avec ses salariés, dont les enfants sont gâtés jusqu'à leur majorité lors de gigantesques fêtes d'entreprise de Noël, le premier employeur privé du coin aime se décrire comme un « *pater familias* ». L'homme donne aussi de grosses sommes à la fondation de l'hôpital de Fréjus, où il a fait livrer, en pleine épidémie de Covid-19, 500 000 masques pour le personnel soignant et les employés des collectivités locales. Le journal *Var-Matin*, véritable institution locale, encense à intervalles réguliers ses entreprises. Quand l'entrepreneur souhaite défendre un projet immobilier, il obtient immédiatement une grande interview dans le quotidien régional, accompagnée de questions sans acrimonie. Lors du décès de son père, c'est toute la rédaction de *Var-Matin* qui présente, dans ses colonnes, ses condoléances à la famille. Un mélange des genres qui s'explique notamment par la situation financière du titre, obligé de vivre de publicités institutionnelles, d'événements sportifs subventionnés par les collectivités locales, et d'encarts achetés par les casinos… ou les entreprises du BTP.

Alexandre Barbero s'aventure rarement au-delà de son royaume, qui comprend l'agglomération raphaëlo-fréjusienne et les communes des alentours. « Je ne suis pas bon ailleurs », souffle-t-il dans un rare accès de modestie. Sans doute est-il « trop » bon chez lui.

L'entrepreneur a développé une amitié nourrie avec David Rachline, faite de longs déjeuners et de soirées alcoolisées. Ces derniers se voient souvent au Clos des Roses, pour déjeuner, ou au Touring, pour l'apéritif. Rarement à la villa Clair Bois, où madame a déclaré le maire *persona non grata*, lasse de voir son mari passer des soirées sans limites aux côtés de l'élu. Lorsqu'ils se retrouvent, les fêtes semblent durer toute la nuit, comme quand David Rachline monte à bord du *Batman*, le large bateau aussi noir que le masque du héros de bande dessinée, ou celui, blanc cette fois, de l'ex-beau-frère d'Alexandre Barbero, l'architecte Jean-Pascal Clément. Ce dernier invite souvent le maire à venir observer les départs du Grand Prix de Formule 1 à Monaco depuis son balcon, situé juste au-dessus de la ligne de départ.

Des relations privilégiées, donc. Pourtant, David Rachline préfère les nier lorsque je l'interroge à ce sujet, en janvier 2023, dans son bureau de maire. « Je ne vais jamais de la vie sur leurs bateaux. C'est la loi de la rumeur », dément-il. Je répète ma question. Il oppose à nouveau un démenti. Puis une troisième fois. Il existe pourtant des photos de certaines virées du groupe. Certaines, prises sur le balcon de Jean-Pascal Clément, ont même été postées directement par monsieur le maire sur ses réseaux sociaux privés. Même Marc-Étienne Lansade, le maire de Cogolin, m'a confié avoir, à une occasion, partagé le départ d'un Grand Prix chez l'architecte, invité par David Rachline.

Je le relance, une énième fois. La discussion, enregistrée avec son accord, se poursuit ainsi :

David Rachline :

« Jean-Pascal Clément, on a pu déjeuner ensemble…

– Sur son bateau ?

– Il nous est arrivé de déjeuner ensemble, on y va par les moyens qu'on veut.

– Tout à l'heure vous m'avez dit que vous n'aviez jamais mis les pieds sur son bateau.

– Je ne vous ai pas dit ça.

– Vous allez aussi chez lui à Monaco voir la Formule 1…

– Non.

– Ah si ! Le beau balcon, sur la ligne de départ. C'est à qui ?

– J'en sais rien…

– Vous ne savez pas chez qui vous allez à Monaco ?

– Je ne vous ai jamais dit que j'allais à Monaco.

– Ah si, vous y allez !

– C'est ma vie privée. Si j'ai envie d'aller à Monaco, je vais à Monaco. Je ne vais pas chez Jean-Pascal Clément. C'est tout. »

Pourquoi David Rachline tient-il tellement à nier une relation avec l'architecte, comme avec

Alexandre Barbero ? À la mairie de Fréjus, l'entrepreneur du BTP est comme chez lui. Il entre sans rendez-vous pour s'enfermer de longues minutes dans le bureau du maire, plusieurs fois par mois[1]. Parfois, le millionnaire s'éternise en soirée, comme en attestent les registres d'entrée et de sortie de la mairie, que j'ai pu consulter. Il est aussi arrivé à son neveu, Guillaume Decard, adjoint à Saint-Raphaël et conseiller à l'agglomération, de s'y enfermer à l'heure de l'apéritif.

Une relation aussi intense qu'exclusive. En plus de ses allées et venues à la mairie, David Rachline voit l'entrepreneur au moins deux fois par mois, le plus souvent lors de déjeuners au Clos des Roses. Aucun autre entrepreneur ne bénéficie d'un tel accès à l'élu. Dans l'agenda du maire, les deux hommes sont simplement désignés par leurs initiales. « AB » pour Alexandre Barbero, ou « JPC » pour l'architecte Jean-Pascal Clément. Plusieurs fois par an, des journées entières leur sont dédiées, en semaine ou le week-end. « Bloquée journée AB », « Bloquée journée JPC » : l'inscription se fait toujours en lettres rouges capitales.

1. « Les entretiens "professionnels" que j'ai pu avoir avec M. le maire portent sur le projet de stade de football en cours depuis de nombreuses années et en ma qualité de président », affirme le président du club de l'Étoile. (Voir Annexes, p. 199.)

Marcel Sabbah l'accompagne presque une fois sur deux à ses rendez-vous. De temps en temps, les trois hommes se retrouvent aussi à la mairie de Saint-Raphaël, pour des réunions, y compris à l'époque de Georges Ginesta. Régulièrement, Alexandre Barbero convoque aussi David Rachline à des réunions où se mêlent d'autres entrepreneurs du département, comme le patron de l'entreprise Sobodat, Philippe Donat, ancien président de la fédération BTP du Var. L'objet des réunions (« projet port romain », « bateaux bleus ») est parfois précisé, et ne concerne jamais – contrairement aux justifications des trois hommes – le stade de foot. Le plus souvent, il est simplement question d'un déjeuner « AB » au Clos des Roses. Un jour de mai 2021, ce dernier s'agace auprès de son directeur de cabinet, Pierre Boué, qui a eu l'audace d'organiser un entretien avec le patron varois. « Pourquoi avez-vous reçu Barbero ? Vous avez interdiction de vous occuper de ce qui se passe avec lui », ordonne David Rachline. Sur ses injonctions également, toutes les cérémonies de standing organisées par la mairie doivent avoir lieu au Clos des Roses.

Dans l'Est-Var, son ami laisse peu de place à la concurrence, y compris sur les chantiers privés, dont il aime rappeler qu'ils représentent les deux tiers de son chiffre d'affaires. La méthode Barbero dans ce domaine m'a été détaillée par de nombreux acteurs locaux du secteur. Lorsqu'un promoteur immobilier national souhaite s'implanter pour mener un projet, il est « chaleureusement invité » à choisir comme architecte Jean-Pascal Clément. Une condition indispensable, dans certains cas soufflée directement par David Rachline lors d'entretiens informels. Une fois le permis de construire en poche, le promoteur passe ensuite par les entreprises d'Alexandre Barbero pour acheter le béton nécessaire (la famille possède deux usines de béton et d'enrobage) et assurer les travaux de VRD (voirie, réseaux et divers). En clair, tout ce qui touche à la route, ses accès, les câbles et la tuyauterie. « Les Barbero-Clément aident les promoteurs nationaux à emporter des permis qu'ils ne pourraient pas obtenir sans eux. Ils tirent leur puissance économique de leurs liens avec les politiques », regrette un concurrent, qui s'étonne encore, après trois décennies sur le secteur, de l'impunité totale accordée au mastodonte.

Sa position dominante lui permet, selon plusieurs témoignages directs, de maltraiter ses sous-traitants, au point de les envoyer parfois au casse-pipes faute de marges suffisantes. Quand Alexandre Barbero délègue, c'est selon ses critères et à ses conditions. Dans le milieu varois, la simple évocation de son entreprise suffit à susciter la crainte d'une banqueroute, voire pire. « Si je parle, je prends un risque pour ma vie », lâche un homme d'affaires bien installé, qui refuse de s'épancher sur le poids économique de la famille. Parfois, des élus recueillent les plaintes de tel ou tel concurrent. L'un affirme avoir décidé de quitter l'agglomération, dépité de ne pouvoir obtenir aucun contrat. L'autre s'est résigné à financer le club de foot de l'Étoile, après avoir compris qu'il valait mieux faire partie des donateurs pour ramasser les miettes de Barbero. « Il a tellement de pouvoir qu'il vaut mieux se taire et marcher avec lui que contre lui, sinon vous n'existez pas », confie un entrepreneur du bout des lèvres.

Dans cette conquête des marchés locaux, la création des communautés d'agglomération représente une aubaine. Dans le langage entrepreneurial, ces regroupements de communes sont synonymes d'une plus grande capacité d'endettement, de plus de budget, et d'infiniment plus de travaux. Il faut lire les rapports détaillés de la chambre régionale des comptes pour mesurer l'étendue du système. Dans celui de 2017, l'instance indépendante note que, dans le cas de la CAVEM (la communauté d'agglomération Var Estérel Méditerranée, qui rassemble, depuis 2013, Fréjus, Saint-Raphaël, mais aussi les villes des Adrets-de-l'Estérel, de Puget-sur-Argens et de Roquebrune-sur-Argens), « la commande publique s'est caractérisée par une concurrence atone [...] entre 2010 et 2015 ». « En matière de travaux publics, une entreprise locale, RBTP, est habituellement retenue alors que ce segment de marché s'avère pourtant très concurrentiel », ajoute l'instance. La chambre note aussi que sur quinze marchés de travaux publics, « la concurrence a été inexistante ou invérifiable dans la moitié des cas ». Offres irrégulières, propositions concurrentes anormalement basses, manque de volonté de la commune de diversifier les prestataires...

Plus grave, l'organisme de contrôle dénonce aussi des liens troubles entre le clan Barbero et la communauté d'agglomération : un membre de la famille assiste à la passation de certains marchés ; le maire de Saint-Raphaël, Georges Ginesta, a été l'assureur de RBTP ; une filiale de l'entreprise assiste le maître d'œuvre chargé d'analyser les offres... « L'existence de liens entre l'entreprise habituellement retenue et des personnes physiques ou morales contribuant au choix de cette entreprise dans le cadre de la commande publique a fragilisé l'attribution des marchés que la CAVEM a conclus avec elle. Ni l'égalité de traitement des candidats, ni la transparence des procédures ne peuvent être garanties dans ces conditions, ce qui traduit une gestion très discutable de la commande publique par la communauté d'agglomération », affirme le rapport. Une conclusion édifiante. La chambre ordonne à l'agglomération de « se donner les moyens de faire jouer la concurrence » et d'écarter ceux qui ont un intérêt avec RBTP de la procédure de sélection.

Six ans plus tard, pourtant, rien n'a changé. Sauf le nom de la CAVEM, devenue par la magie d'un conseil communautaire « Estérel Côte d'Azur agglomération », en mars 2021. « Outre un changement d'appellation, les grands projets intercommunaux ont été confirmés », souligne alors *Var-Matin*. L'entreprise reste le prestataire privilégié et dominant de la mairie de Fréjus comme de l'agglomération. « La chambre régionale des comptes se pose des questions, c'est son boulot. Nous, on agit », balaie David Rachline, qui évoque, à raison, un rapport essentiellement fondé sur les années précédant son arrivée aux manettes. Pourtant, selon plusieurs sources, Alexandre Barbero soufflerait encore parfois directement ses critères en amont des appels d'offres de l'agglomération ou des mairies concernées. Le patron suggérerait à l'occasion à David Rachline d'imposer aux entreprises prestataires une certification environnementale ou un label de qualité que seule la sienne possède, évidemment. Une ingérence qu'il nie, encore une fois, catégoriquement.

Le tempétueux Alexandre Barbero n'est pas habitué à répondre de ses méthodes. Ce 3 janvier 2023, il m'a donné rendez-vous dans une brasserie moderne, Rose's Corner, qu'il possède au milieu de la ZAC de Fréjus, où son entreprise RBTP a installé son siège. Ses cheveux bruns parsemés de gris ont poussé, si on les compare avec les photos du site de l'entreprise.

Il porte un beau pull à col cheminée couleur sable en cachemire, des lunettes beiges à large monture et des baskets marron. Son accent est celui du Sud, ses mains tremblent un peu. « Que voulez-vous que je vous dise ? » commence-t-il sans dissimuler son agacement. « On répond à des appels d'offres, on les a. On a investi pour avoir des normes techniques de plus en plus compliquées. La moitié des entreprises ici ne se donnent peut-être pas les moyens d'y arriver, ce sont tous des intérimaires, ou des tâcherons. » On insiste : tout de même, comment explique-t-il une telle absence de concurrence ? Alexandre Barbero s'énerve. « On va arrêter l'entretien. On m'a interdit quelque chose ? On m'a condamné ? Il suffit qu'on réussisse quelque chose ici pour qu'on nous prenne pour des bandits. »

La discussion se poursuit tout de même encore quelques minutes, sur ses balades en mer avec l'édile de Fréjus. « David Rachline n'est jamais venu une seule fois sur mon bateau. Si vous écrivez ça… » lance-t-il avant de se lever. Silence. J'avance que plusieurs témoignages racontent une autre histoire. « Vous cherchez quoi avec vos questions ? » m'interroge le quinquagénaire. Quelques secondes plus tard, il claque la porte. « Le café, c'est pour moi », hurle-t-il à la serveuse, qui est aussi son employée. L'entretien a duré douze minutes.

4
LE SYSTÈME

En ce début d'année 2015, Élie Brun n'est plus maire de Fréjus depuis quelques mois. L'ancien élu a disparu des pages des journaux locaux. On le dit isolé, malade, goûtant la seule compagnie de son malinois, un berger belge appelé Maya. On l'a bien aperçu, çà et là, avec David Rachline ou Marcel Sabbah, son ancien collaborateur à la mairie, resté à son poste sous la nouvelle mandature. Mais l'ex-édile fuit la lumière des cérémonies officielles et des médias. Il a renoncé à faire appel de sa condamnation du 30 janvier 2014 pour prise illégale d'intérêts. Cinq ans d'inéligibilité et 20 000 euros d'amende, ce n'est pas rien, pourtant. Un arrêté préfectoral lui a retiré son dernier mandat de conseiller général. Celui qui était au centre de la vie politique locale depuis dix-sept ans n'a même plus le droit de glisser un bulletin dans l'urne.

Élie Brun n'a plus le droit de vote, mais il roule en berline. Une belle, même, la C4 de Citroën. Sa voiture de maire. « La voiture de fonction d'un maire doit être rendue le jour exact où son mandat s'arrête, puisqu'elle est mise à sa disposition pour l'exercice de son mandat », rappelle pourtant un spécialiste des campagnes électorales, l'avocat Jérôme Grand d'Esnon. Comment expliquer une telle situation ? L'ex-maire ne passe pas inaperçu dans les rues de la ville. Quelques jours après sa défaite aux municipales, le 30 mars 2014, deux fonctionnaires de la mairie adressent un signalement à David Rachline : il faut récupérer au plus vite le véhicule, sous peine de courir le risque d'être associé à un détournement de fonds publics. Le nouvel élu acquiesce mais ne bouge pas le petit doigt. Deux mois plus tard, il évacue d'un « ça ne te regarde pas » les questions d'un élu qui s'étonne d'avoir croisé Élie Brun dans la berline à Fréjus Plage. Une situation d'autant plus inquiétante que l'ancien maire est rarement sobre au volant. Il faut la ténacité du directeur général à la sécurité des plages, Jean-François Anavillela, qui s'offusque de la situation par courrier, pour que l'imbroglio cesse. « Connard ! » lui lancera Élie Brun quand le fonctionnaire finira par récupérer la C4 à son domicile.

La voiture serait-elle la cerise sur le gâteau d'un accord secret conclu entre David Rachline et son prédécesseur ? Si tel est le cas l'arrangement serait totalement illégal, et à même de constituer une fraude électorale[1]. Sur le papier, le cadre frontiste n'aurait

1. « Un tel accord n'a jamais existé », affirme pour sa part David Rachline dans un courrier reproduit en intégralité en annexe, dans lequel il me menace de poursuites judiciaires « en cas d'atteinte publique à [s]on honneur ».

pas dû gagner. Il ne doit sa victoire qu'au maintien de ses deux rivaux de droite au second tour, Élie Brun, donc, et son ancien adjoint, Philippe Mougin, qui ont divisé les voix de leur camp dans une triangulaire mortifère. La faute en revient d'abord à Mougin, le challenger, qui refuse de se retirer lors de l'entre-deux-tours pour constituer une liste d'union tout en se montrant incapable de rassembler sur son nom. Mais c'est sans conteste Élie Brun, arrivé derrière Mougin et Rachline au premier tour, qui offre la Ville sur un plateau au candidat du Front national. Alors qu'il envisageait de se retirer de la course afin de faire barrage à l'extrême droite, allant jusqu'à rédiger un communiqué de presse pour annoncer sa décision, Brun décide finalement, dans une curieuse volte-face, de maintenir sa candidature.

Dans sa permanence, sur la belle place Formigé, face à la mairie, David Rachline assiste, goguenard, à l'écriture du scénario inéluctable de sa victoire. Après avoir critiqué pendant des années le clientélisme et l'inefficacité de la politique d'Élie Brun, il opère une volte-face. « Ils se sont arrangés dans un accord de transition », selon François Léotard, qui avait lui-même confié les rênes de la commune à Élie Brun après deux décennies à la tête de Fréjus. Plusieurs proches de David Rachline m'ont confirmé les détails de ce « deal » confidentiel, offrant à l'un la victoire et à l'autre des accommodements pour lui et ses proches. Dans ce pacte oral, outre le maintien d'une voiture de fonction (pour un homme sans fonction), David Rachline s'engage à ne pas pratiquer de chasse aux sorcières avec ses proches. Le nouveau maire promet même de protéger certains salariés. Parmi eux, l'ex-femme d'Élie Brun, Jacqueline Marco, directrice de l'urbanisme. Mais aussi un ancien tennisman, Pascal Albuixech, surnommé « Albu », salarié à la fois par l'association sportive et par la ville (l'homme est décédé en 2016). Un des plus proches amis de l'ex-maire, décrit à la mairie comme son porteur de valises. Après sa victoire, David Rachline confie à « Albu » la direction de l'association de tennis, créée pour l'occasion. Une structure à laquelle il alloue immédiatement 70 000 euros de subventions annuelles. Enfin, un troisième personnage figure sur la liste : Marcel Sabbah. Un intime d'Élie Brun, rencontré du temps où ce dernier courait les tournois de tennis de table. Un homme clé dans le système clientéliste de la mairie, intermédiaire indispensable auprès, notamment, des champions du BTP et de la gestion des déchets.

En échange de sa mansuétude, Élie Brun offre à David Rachline un mode d'emploi de la ville. Du sur-mesure, à la mode varoise. Le conseiller régional de 26 ans en a bien besoin : il ne dispose que de peu d'entrées dans les cercles dirigeants du territoire. Son équipe municipale est le reflet de cette pauvreté relationnelle. Une liste bricolée, faite de militants historiques et d'opportunistes qui semblent tombés là par hasard. Le conseil municipal compte trois couples et la propre mère du maire, Dominique Vandra, qui reconnaîtra, des années plus tard : « J'étais sur la liste car il fallait du monde. » Le jeune maire n'est pas membre du Rotary, ni d'aucune association de notables, et n'a pas eu l'opportunité de nouer de liens avec les représentants de l'élite locale. Dans ce monde méditerranéen où l'apparence joue autant que le compte en banque, et où il convient d'afficher avec ostentation sa réussite économique à ses poignets ou à son cou, il peut difficilement prétendre jouer dans la cour des grands. Trois ans plus tôt, le fêtard, trop endetté, dormait encore dans la permanence du Front national, à Hénin-Beaumont, pour économiser quelques loyers…

Entre l'ancien et le nouveau maire, l'entente semble parfaite. Cinq jours après la victoire de Rachline, Élie Brun accompagne son benjamin à Draguignan chez Francis Pizzorno, célèbre patron de l'entreprise éponyme, hégémonique dans le domaine du ramassage des déchets. David Rachline, qui fustigeait quelques jours plus tôt les « bandes de copains et de coquins », et promettait de mettre fin au contrat de Pizzorno pour le nettoyage des plages, se montre charmant. Le nouveau maire rassure le grand patron : son groupe pourra bien entendu continuer à travailler avec la ville de 53 000 habitants. À ses côtés, Élie Brun sourit.

Ce n'est pas le seul. Le fidèle Marcel Sabbah n'a pas seulement conservé son poste à la mairie. En quelques mois, ce brun sec à la peau mate, d'une famille juive pied-noir d'Algérie, aussi charmeur que bavard, a réussi à gagner la confiance du maire. La tâche n'était pas aisée : David Rachline cultive le soupçon, y compris au sein de sa propre équipe. Peu de gens le savent, mais lorsqu'il prend ses fonctions, sa première action est d'embaucher un « chasseur d'espions », technicien chargé de « sécuriser » ses bureaux, en vérifiant dans tous les coins l'absence de micros. « Je me méfie », se justifie David Rachline, sans préciser de qui. Pas de Marcel Sabbah en tout cas.

L'ancien joueur semi-professionnel de tennis de table a l'âge d'être son père, et tous les employés de mairie perçoivent rapidement qu'entre eux se noue plus qu'une relation de travail. Les deux hommes s'enferment de longues heures dans le bureau du maire, où Sabbah entre sans prendre rendez-vous, ni frapper. Souvent, ils prolongent leurs conciliabules tard dans la nuit. Les verres s'enchaînent. Beaucoup de pastis, presque pas d'eau : le cadre administratif a la main généreuse. Quelques semaines avant l'élection de 2014, le fonctionnaire s'écriait pourtant publiquement que si David Rachline était élu, il était

« mort ». Il joignait alors à son propos un geste, deux doigts joints sous le nez, pour mimer la moustache de Hitler. Six mois plus tard, la peur du monstre nazi a laissé place à une entente exceptionnelle. Au point qu'Élie Brun finit par se sentir abandonné par ce proche qui espace désormais ses visites.

David Rachline ne peut pas se passer de son nouvel ami. Quand ce dernier atteint l'âge limite pour occuper le poste de directeur général de l'administration – 70 ans –, le maire ne tient pas six mois avant de lui trouver une fonction de chargé de mission, avec le titre officiel de directeur adjoint de l'EPL (exploitation des parcs de stationnement), les parkings de Fréjus. Dans les faits, l'homme occupe toujours de manière officieuse son ancien poste. « Sabbah doit valider tous les dossiers », est-il écrit dans un mail interne à la mairie que j'ai pu consulter, rappel sans équivoque de son rôle incontournable.

Les directeurs de services ont pris l'habitude de décrire le fonctionnaire comme « le grand argentier du maire », la personne dont il faut obtenir l'accord dès qu'il est question de financements. Marcel Sabbah est de toutes les boucles de discussions. J'ai obtenu la copie de certaines d'entre elles, conversations privées entretenues pendant des mois entre les quelques têtes de la mairie, Philippe Lottiaux, le directeur général des services (désormais député du Var), David Rachline et deux membres de son cabinet. Lors de ces échanges, Marcel Sabbah donne son avis sur tous les sujets. Même le montant du budget des caméras et des poteaux dans le quartier sensible de la Gabelle est soumis, par exemple, à son approbation. Quand David Rachline cherche un avocat en droit des sociétés, c'est Marcel Sabbah qui lui offre les services d'un certain Jean-Michel Martinez. « Connais pas. Il est avocat ? » demande David Rachline. « C'est apparemment un conseiller d'Alexandre », répond immédiatement Marcel Sabbah. Alexandre, pour Alexandre Barbero. Sabbah a noué depuis longtemps une relation privilégiée avec l'entrepreneur. Les deux hommes se connaissent bien : ils ont présidé ensemble entre 2008 et 2016 le club de football de l'Étoile, propriété de la famille Barbero. Aujourd'hui encore, le septuagénaire siège au conseil d'administration de l'institution. Des fonctions qui justifieraient à elles seules les nombreuses rencontres entre les trois hommes, selon les dires des intéressés.

Avec le jeune Rachline, le « vieux » Sabbah a trouvé un rôle de mentor à sa mesure. C'est lui qui sert d'intermédiaire au jeune maire et le guide dans ses relations avec le patronat. En plus des rencontres avec Alexandre Barbero, Marcel Sabbah est souvent la seule personne à accompagner le maire dans ses rendez-vous avec les entrepreneurs du département, qu'il s'agisse de restaurateurs ou de promoteurs immobiliers.

C'est un secret mais, en janvier 2016, un discret déjeuner est par exemple organisé à Paris, au Sénat, entre Marcel Sabbah, David Rachline, et le directeur régional du groupe JCDecaux, le champion industriel de la publicité urbaine, Antoine Moulin. Puis, le 9 mars, David Rachline, Marcel Sabbah et le directeur général des services Philippe Lottiaux sont invités à Paris par l'entreprise, qui reçoit le maire d'extrême droite et ses collaborateurs comme des invités de marque. Billets de train offerts, trois chambres dans un hôtel quatre étoiles au cœur du quartier latin, dîner avec les huiles de l'entreprise puis, le lendemain, visite du site de Plaisir et déjeuner en présence de Jean-Charles Decaux, président et directeur général du groupe. Marcel Sabbah, officiellement simple « chargé de la vie des quartiers de Fréjus », est de tous les rendez-vous. Un rôle de facilitateur qu'il occupait déjà, affirment plusieurs sources bien informées, du temps d'Élie Brun. Une ancienne salariée du groupe Pizzorno jure avoir aperçu l'employé de mairie, plusieurs années de suite, se charger « des cadeaux de Noël » à destination du maire UMP. Des « rumeurs infondées et clairement diffamatoires », selon le protagoniste[1]. Sous l'ère Rachline, Marcel Sabbah est en tout cas particulièrement impliqué

1. Toutes les réponses de Marcel Sabbah sont également reproduites en annexes.

sur la question des marchés publics. Alors que rien dans sa fonction ne peut désormais le justifier, il participe à toutes les réunions concernant leur attribution. « Marcel Sabbah est bénévole », élude David Rachline lorsque certains élus lui demandent la raison de sa présence, ou son titre officiel à la mairie. Quand il est question des prochains chantiers et de la rédaction des appels d'offres, le chargé des parkings intervient avec assurance, dicte ses critères, précise certains éléments, sans jamais laisser de traces écrites. « Quand Marcel Sabbah dit quelque chose, c'est comme si c'était moi qui le disais », prévient un jour Gilles Longo, l'adjoint au maire chargé des finances, du budget et des marchés publics. « Pour le reste, Marcel, tu fais comme d'habitude », a coutume de lancer David Rachline lorsqu'il est question d'un contrat compliqué. À la mairie, les adjoints et employés n'ont d'autre choix que de se soumettre à celui qui représente l'autorité du maire. « Sa participation (aux appels d'offres) se faisait sans droit de parole », me précise aujourd'hui le maire. Une affirmation contredite par tous les témoignages de participants à la commission, qui jurent que le DGA donnait son avis sur tout, en permanence, et ne souffrait pas la contestation.

En apparence, la légalité des appels d'offres semble pourtant respectée. Dans un premier temps, la mairie édicte d'abord un cahier des charges et un dossier technique avant de lancer une consultation. Dans un deuxième, les candidats disposent d'un délai pour déposer deux enveloppes : une première, technique, et une seconde, financière. Enfin, dernier temps, ces enveloppes, qui demeurent normalement fermées jusqu'à la réunion de la commission d'attribution, sont ouvertes en présence de tous les participants, dont au moins un représentant de l'opposition. Ensemble, les membres de la commission notent les critères dans un tableau et choisissent à qui attribuer l'offre.

J'ai échangé, pendant plus d'un an, avec une dizaine de personnes ayant participé à l'attribution de ces marchés. La plupart de ceux qui ont travaillé dans ce service ont acquis au fil du temps la certitude d'une procédure viciée. « Quand ils dressent leur tableau avec les critères d'attribution, le dossier est plié. Ils ont tout préparé à l'avance », jure un ancien proche du maire, qui a longtemps exercé des fonctions de direction à la mairie. Des sources internes pointent aussi un homme, Ludovic Defachelle, nommé par le maire au sein de la commission d'attribution. Plusieurs acteurs de ces procédures sont persuadés qu'il fournit à Alexandre Barbero des informations nécessaires pour doubler ses concurrents. L'entrepreneur est d'ailleurs souvent le dernier à envoyer son dossier : étrangement, il a presque toujours l'offre la plus alléchante, moins chère que ses concurrents, quand il ne propose pas la plus grosse redevance à la municipalité. C'était par exemple le cas, en juin 2020, pour la réalisation d'un « pôle enfance », quartier Sainte-Croix. Quand il est question de dépolluer les sols, en juin 2020, l'entreprise RBTP présente encore une fois une offre moins chère que les deux autres concurrents, et emporte le marché de 651 000 euros. Des devis moins onéreux, mais régulièrement complétés par des avenants, au fil des travaux, qui viennent lester le budget initial.

« À Fréjus, cette entreprise n'a qu'un seul marché, qui concerne seulement le centre-ville. Le plombier a plus de contrats que Barbero », m'assurait, en janvier 2023, David Rachline. Je n'ai pas trouvé trace d'un plombier mais, en épluchant les procès-verbaux des conseils municipaux, je note l'existence de plus d'un dossier attribué à RBTP. Bien au-delà de la rénovation du seul centre-ville, un chantier à un peu plus de 800 000 euros, « pour refaire les pavés de deux rues et de deux places », regrette l'opposant Emmanuel Bonnemain. La liste est longue, des autres contrats où apparaît RBTP… Plus de 790 000 euros pour les travaux d'aménagement de l'espace Sainte-Croix ; des travaux « de mise en valeur de la plateforme romaine, de ses accès et de ses abords » pour plus de 300 000 euros ; ou d'autres, enfin, de « confortement des digues du Reyran », découpé en deux lots, le premier d'une valeur de 1 693 486,55 euros, le second de 2 121 650,45 euros hors taxes. Sans oublier un contrat permanent concernant l'aménagement de la voirie, entre 800 000 et 4 millions d'euros annuels.

« Il faut savoir semer pour récolter », a coutume de répéter Alexandre Barbero. Pour ses entreprises, la moisson municipale est bonne, et sa générosité paie. David Rachline se montre reconnaissant envers son bienfaiteur. Heureusement pour lui, peu de gens lisent vraiment les PLU, ces longs et indigestes plans locaux d'urbanisme, documents qui répertorient et planifient les chantiers, les aménagements à venir, en respect du code de l'urbanisme et du développement durable. Page 47 du document « Aménagement et programmation » de septembre 2022, la mairie autorise une mystérieuse « exploitation agricole, en entrée d'agglomération de Fréjus, le long de la RD 37 » à « étendre ses installations, dans le cadre de son développement ». Il s'agit en réalité du Clos des Roses, le complexe hôtelier et viticole des Barbero, dont la construction en zone agricole avait déjà valu à la famille, en 2013 et 2015, un procès et une condamnation. Cette fois, l'entrepreneur n'aura pas d'ennuis. La mairie l'autorise à bâtir deux extensions : une quarantaine de chambres, des locaux de réunions, un nouveau lieu de détente avec spa, *pool house*… Au total, 1 200 mètres carrés supplémentaires, sur 600 mètres carrés au sol. Sur cette terre varoise où chaque mètre carré constructible vaut de l'or (jusqu'à 600 euros), le cadeau s'évalue entre 300 000 et 360 000 euros. « Vous n'avez manifestement aucune connaissance du fonctionnement d'une commune et des procédures d'autorisation d'urbanisme. Dès lors qu'une demande est déposée, un maire est obligé d'accorder un permis de construire si celui-ci est conforme aux règles en vigueur. Cela s'appelle l'État de droit », me répond David Rachline, ton péremptoire en supplément. Le maire oublie seulement de préciser qu'aucune règle « de l'État de droit » ne l'obligeait à modifier le PLU au bénéfice d'un établissement commercial sur sa commune, surtout quand il s'est engagé à limiter le bétonnage des sols et que la zone, initialement agricole, a d'abord été aménagée au mépris des règles et sans permis…

5

LET'S GO PARTY

L'heure du couvre-feu imposé pour lutter contre l'épidémie de Covid-19 est passée depuis longtemps, en ce soir d'hiver 2021. Un refrain transperce l'épaisse porte capitonnée du bureau du maire de Fréjus. « Qu'on me donne l'envie ! L'envie d'avoir envie ! » À l'intérieur, David Rachline s'époumone. Sa voix éraillée d'avoir trop fumé vomit la célèbre tirade. Les portraits en noir et blanc de son idole, accrochés aux murs, le regardent d'un air sévère. Johnny Hallyday a apposé sa signature au feutre sur certains d'entre eux, souvenir d'un concert donné par le rockeur aux arènes de Fréjus, en 2016. Au rez-de-chaussée, le téléphone sonne dans le vide. Personne ne répond au numéro de la permanence de nuit : les grondements des voisins se perdent de l'autre côté de la ligne. Depuis plusieurs mois, les habitants du centre-ville historique de Fréjus ne cessent d'appeler la mairie pour demander que les nuisances sonores cessent. Ils ont bien noté que de lourdes voix d'hommes surgissent du premier étage de la belle bâtisse orangée. Mais que faire quand c'est le maire lui-même qui en est à l'origine ? Mylène Farmer, Dalida, Michel Sardou, Joe Dassin… Le trentenaire entretient des goûts d'un autre âge. Parfois, il surprend son voisinage avec la musique électronique allemande de Paul Kalkbrenner, ou le rap loufoque de Stupeflip.

Les fonctionnaires Marcel Sabbah et Philippe Lottiaux (jusqu'à son élection comme député, en juin 2022) constituent les deux inamovibles piliers de ces karaokés nocturnes. Ils sont souvent accompagnés de l'élue municipale, Julie Lechanteux, et de Laurence Ribbe, la directrice du service communication. Les deux Julien, Laszkiewicz et Jouniaux, collaborateurs et amis de toujours, passaient eux aussi régulièrement une tête avant de quitter la mairie, respectivement en 2018 et 2020. Selon de nombreux témoignages, le confinement n'a pas arrêté ces soirées, ou si peu. Qu'importe que le Covid-19 paralyse l'économie du département ou que les Fréjusiens restent cloîtrés chez eux, le soir venu, privés de retrouvailles familiales et de voyages à l'étranger. Le virus semble l'affaire des autres au sein de l'équipe municipale. Un jour d'avril 2021, Philippe Lottiaux s'en prend à Emmanuel Macron dans la boucle WhatsApp « Crise COVID 19 » créée au sein de la municipalité. « Je n'écoute même pas ce connard de sa race. Et le vaccin obligatoire = je ne le ferai pas. Je trafiquerai des fausses attestations PCR », écrit le futur député, alors directeur général des services. Il réagissait à l'annonce du président de la République de rendre le vaccin obligatoire. Auprès de plusieurs proches, David Rachline aurait sous-entendu, les semaines suivantes, avoir de son côté réussi à obtenir « un vrai faux certificat de vaccination, enregistré sur ma carte Vitale », en payant une infirmière pour qu'elle ne lui fasse pas l'injection. « Je suis un partisan de la liberté. Nous devons être libre [*sic*] de nous faire vacciner ou non », écrit-il sur Twitter à la même époque[1].

Il faut dire que David Rachline a depuis longtemps l'habitude de veiller tard, le soir, au bureau, lui qui n'y pose presque jamais son sac, le matin, avant 10 h 30 ou 11 heures. « J'ai un caractère plutôt festif », reconnaît l'édile avec pudeur. Souvent, le noceur lâche devant ses proches : « Je sais que je n'irai pas au-delà de 50 ans. » Ses amis ignorent s'il faut le prendre au sérieux. « Il a beaucoup trop de vices pour que ça tienne sur le long terme... », prophétise, en privé, l'identitaire Philippe Vardon, un temps compagnon de route avant de partir chez Reconquête !, le parti d'Éric Zemmour. Il n'est pas rare que David Rachline se réveille, le matin, la gorge serrée, les mains tremblantes, incapable d'assurer certains rendez-vous. Lors de son arrivée au Sénat, en

1. Aujourd'hui, il invoque le secret médical pour ne pas s'étendre sur sa vaccination, et réfute l'organisation de tels événements pendant la pandémie (voir Annexes).

2014, il a même posé un lapin au président de l'institution, Gérard Larcher, qui l'avait invité à prendre le petit déjeuner en compagnie de l'ensemble des nouveaux élus. Le Varois ne s'est même pas fendu d'un mot d'excuse pour prévenir de son absence ; la soirée de la veille s'était simplement achevée trop tard. Au printemps 2018, David Rachline poste sur Instagram cette citation issue d'une chanson d'Orelsan : « Si tu dis souvent que t'as pas de problème avec l'alcool, c'est que tu en as un. Basique. »

Depuis son élection à la mairie, les soirées s'enchaînent dans son bureau. Après chaque conseil municipal, les favoris du maire montent à l'étage pour un apéritif qui s'éternise jusqu'au milieu de la nuit. Impossible d'y couper pour ceux qui souhaitent intégrer son cercle rapproché. Les initiés savent que c'est à la nuit tombée qu'il faut pousser certains dossiers. Leurs chances de succès se mesurent au degré d'alcoolémie du patron. La secrétaire, accompagnée parfois d'autres employées de mairie, est priée de faire le service. Ces soirs-là, elle reste tard pour veiller à ce que les verres des invités ne désemplissent pas. Champagne, rosé, pastis, whisky, c'est selon, il y a de tout dans le large minibar du bureau.

Les quatre gardiens de la mairie assistent aux allées et venues nocturnes. Vigies silencieuses, leurs silhouettes sont postées de 18 heures à 5 heures du matin dans une petite loge au rez-de-chaussée. Le lit, l'évier et la salle d'eau à leur disposition se trouvent juste en dessous du bureau de David Rachline, séparés de son plancher par quelques centimètres de placo. De quoi tout entendre. Et tout subir. Pendant des années, ils ont consigné avec minutie sur de grands carnets épais la vie de noctambule de l'édile. Je me suis procuré une copie de plusieurs d'entre eux, qui couvrent les années 2017, 2018 et 2019. Des carnets d'écoliers, une écriture soignée au stylo Bic bleu, où un gardien détaille le programme de toutes ses nuits. Dans la marge, les heures. Au centre, les faits et gestes du gardien, mais aussi les entrées et sorties, avec, quand elle est connue, l'identité des hôtes. Tout y est consigné : la prise de poste de l'agent, à quelle heure il ferme les volets ou vide les poubelles, les appels téléphoniques des uns ou des autres, les entrées et les sorties de chacun…

J'y trouve une confirmation : au-delà des soirs de conseil municipal, une fois par mois, David Rachline passe plusieurs soirées par semaine dans son bureau, où il reçoit sans compter les heures, ni les verres. Avant l'arrivée des services de ménage, au petit matin, tâche est donnée aux gardiens de commencer à nettoyer le bureau. Bouteilles à ranger, verres à rassembler, mégots à jeter… Parfois, ils trouvent aussi de longues feuilles à rouler, à côté d'une cigarette éventrée dont on a récupéré le tabac, comme si ce dernier avait servi à préparer un joint. Ils relèvent alors des odeurs de cannabis dans le bureau, des cendriers pleins, des flaques d'alcool séché sur lesquelles se détachent des traces de chaussures à talons… « C'est farfelu », rouspète l'hôte quand je l'interroge sur ses activités nocturnes, prétextant seulement des réunions qui peuvent se « prolonger dans la soirée, ce qui n'a rien d'exceptionnel pour un maire ».

La pièce se transforme aussi parfois en drôle d'antichambre, le maire multipliant les visiteuses féminines à des heures incongrues. Le 12 juin 2018, David Rachline prolonge la soirée dans son bureau jusqu'à 3 h 20 du matin avec une jeune militante du RN, Mathilde[1]. Le 2 juillet, c'est « madame Lechanteux » qui quitte les lieux à 2 h 30 du matin. Le 12 juillet de la même année, le gardien note l'arrivée, après dîner, « d'une ancienne secrétaire pour monsieur le maire ». Départ : 5 heures du matin. Rebelote, le 5 septembre. Je lis : « Arrivée de l'ancienne secrétaire de monsieur le maire. Départ dans la nuit de monsieur le maire et de la jeune fille. » L'« ancienne secrétaire » refait régulièrement surface dans les registres, le 30 juillet 2019, par exemple. Le gardien écrit : « 4 heures du matin, départ de monsieur le maire et de son ancienne secrétaire ; contrôle du bureau de monsieur le maire, j'ai rangé les verres dans la cuisine et rangé les bouteilles de Schweppes

1. Le prénom a été changé.

et de whisky (j'avais pas mes lunettes). » À la fin de l'année 2019, David Rachline décide de remplacer les gardiens par un système de surveillance électronique avec porte automatique. Officiellement, le système est moins onéreux. Il évite surtout les témoins gênants. Les registres sont clos. Mais la fête, elle, continue. Dans la mairie et en dehors.

David Rachline est un homme d'habitudes. Il aime les adresses où on le (re)connaît, et où il peut s'assurer d'un traitement de faveur. À Fréjus, le maire fréquente avant tout les établissements de ses amis. Le Kazaar, un grand restaurant de plage où Jean-Louis Gibert, le patron, est un intime. C'est là, une fois par an, pour les universités d'été du RN, que les huiles du parti d'extrême droite se retrouvent après dîner pour des soirées arrosées. David Rachline aime aussi traîner sa chemise blanche au Public House, tenu par son ami Arnaud Le Forestier, où il est comme chez lui, installé toujours un peu à l'écart, et pouvant disposer à sa guise d'espaces privatisés. Le maire goûte aussi sans modération aux établissements d'Alexandre Barbero. Il s'accoude volontiers au bar de plage de la Tortù, à Saint-Raphaël, où l'établissement propose des transats, les pieds dans l'eau. À Sainte-Maxime, il affectionne le Prao, propriété du groupe HDI, là encore. Dans cet établissement cher et clinquant, qui surplombe la plage de la Nartelle, le maire a ses entrées dans la zone VIP. Le chanteur

Matt Pokora aussi. Les célébrités peuvent y commander un chapon à la provençale pour 100 euros ou une sole meunière à 75 euros, en écoutant de la musique house passée par le DJ. Le tout arrosé par un délicieux magnum veuve-Clicquot millésimé, dont la photo sera vite publiée sur les réseaux sociaux privés de David Rachline.

« Fais attention, ne reste pas trop près de Fréjus pour faire la fête, les gens vont se poser des questions », ont imploré ses plus proches collaborateurs, inquiets que ce train de vie dispendieux n'attire les regards. Pour s'assurer d'un peu d'anonymat, le vice-président du RN met désormais le cap sur Saint-Tropez ou Ramatuelle, où l'édile fréquente Le Bagatelle, le Nikki Beach, ou Gioia, le restaurant de Jean Roch. Les additions, toujours hors de prix, sont exclusivement réglées en liquide, sauf quand elles sont prises en charge par des amis. Récemment, c'est un propriétaire de garage, Mohammed Saada, qui l'accompagne dans toutes ses sorties. Sur Facebook, les Fréjusiens se refilent le nom du réparateur de voitures, qui « t'arrange sur le taros, travaille propre », commente un client, avant de détailler, amusé : « Avec ou sans TVA. » « Momo », comme il se surnomme lui-même sur les réseaux sociaux, publie parfois des photos de ses aventures avec le maire de Fréjus. En février 2023, le garagiste se filme en train d'ouvrir une bouteille de rouge dans la cuisine ouverte sur le salon de David Rachline. « Nouvelle soirée, nouveau cru », claironne-t-il. Dans ses mains, un château-cheval-blanc premier grand cru classé 2010, d'une valeur d'au moins 1 500 euros.

Le maire aime aussi les virées shopping. Chez Trabaud, par exemple, une enseigne de prêt-à-porter masculin de l'agglomération raphaëloise, qui vend essentiellement d'onéreuses marques italiennes, où « David », comme l'appelle le gérant, peut dépenser des milliers d'euros. À Cannes ou à Saint-Tropez, le maire dispose d'un éventail de choix plus large : Dior, Zadig & Voltaire, Hugo Boss, Ralph Lauren… Pour les jeans, le trentenaire ne jure que par Jacob Cohen, pour un budget minimal de 400 euros la paire. Et, pour terminer ces journées en beauté, il s'offre avec « Momo » un déjeuner en terrasse au bord de l'eau. Au menu : ravioles à la truffe, quenelles à la bisque de homard, bouteille de vosne-romanée, digestif… « Rachline aime ce qui est cher, ce qui brille. C'est une pie », m'avait un jour prévenue son ancien collègue le sénateur Stéphane Ravier. Au RN, certains surnomment le maire de Fréjus « l'arbre de Noël », pour sa capacité à empiler les accessoires hors de prix, comme autant de guirlandes sur un sapin. Faut-il vraiment préciser que tout est réglé en liquide ?

Un autre convive se joint souvent aux virées tropéziennes du maire : l'homme d'affaires Farshad Forouzandeh, que tout le monde appelle « Faroud ».

Les deux compères partagent amour du luxe, soirées mondaines et virées en bateau. Jusqu'à leur brouille, à l'été 2021, la troupe était souvent accompagnée de Marc-Étienne Lansade, le maire ex-RN de Cogolin (Var), désormais soutien d'Éric Zemmour. « Nous avons les mêmes passions, la fête et l'alcool », déclare Lansade au sujet de David Rachline. Une amitié qui se brise lorsque leurs trajectoires politiques divergent, mais surtout après l'explosion du couple Forouzandeh-Lansade, consécutive à leur mise en cause dans une affaire de camping et de concession de plage. Un dossier qui vaut à l'entrepreneur d'être mis en examen pour abus de biens sociaux, recel de prise illégale d'intérêts, recel de détournement de fonds publics, recel de favoritisme, fraude aux prestations à l'emploi et blanchiment. « Je gère tranquillement mes petites affaires. Si vous parlez de moi, attendez-vous à en répondre devant la justice », me lance au téléphone l'intéressé lorsque je l'interroge sur son amitié avec David Rachline ; un appel qu'il compare immédiatement à « l'inquisition iranienne ». Marc-Étienne Lansade, lui, est placé sous le statut de témoin assisté pour des faits de détournement de fonds publics, faux et usage de faux (il est aussi mis en examen pour des faits de favoritisme dans un autre dossier consacré à l'exploitation du port de Cogolin). L'odeur de soufre dans le sillage de Faroud ne dissuade pas David Rachline de s'afficher avec lui, ni de profiter avec gourmandise de ses largesses. Les deux hommes aiment se retrouver, l'hiver, au Café Saint-Tropez, pour déguster une bouteille de margaux 2015 « La Sirène de Giscours » (120 euros) sur une bonne viande rouge. L'été, ils privilégient la terrasse de la villa de l'homme d'affaires. Au bord de sa piscine, David Rachline croise de temps à autres Lord Kossity, le rappeur reconverti dans le champagne.

Certains cadres du Rassemblement national aiment les rejoindre. Parmi eux, Jean-Lin Lacapelle est certainement leur compère le plus fidèle. Le député européen, qui compte parmi les plus vieux amis de Marine Le Pen, du temps où ils s'élançaient toute la nuit sur les pistes de danse, n'a jamais remisé au placard son amour de la nuit et de ses effluves. On le croise souvent, à Fréjus, le sourire jusqu'aux oreilles, un verre à la main. « Alors, on fait la fête ? ! On s'ambiance ? » me lance-t-il, un soir de 2019, de sa voix rauque d'avoir trop fumé, hilare, autour de minuit, alors que je finis d'écrire un article dans un restaurant de Fréjus Plage en marge des rentrées parlementaires du Rassemblement national. Avec David Rachline, les deux hommes se connaissent depuis toujours, mais se sont vraiment rapprochés lors de l'élection présidentielle de 2017, lorsque le premier officie comme directeur de campagne de Marine Le Pen. À Paris, ils aiment se retrouver pour des dîners arrosés, qui parfois s'achèvent sur les planches du Medellin. La discothèque est installée dans les locaux de l'ancien Baron, une institution des nuits de la capitale dans le VIIIe arrondissement, près des Champs-Élysées. Cet établissement au goût douteux, qui célèbre la Colombie façon *Narcos*, propose « le mojito le plus cher du monde à la poudre magique » (*sic*) ou des tacos au caviar. Les deux hommes y commandent du champagne (dom-pérignon vintage millésimé, 750 euros la bouteille) ou une vodka Absolut (275 euros), accompagnée de glace et de Red Bull. Et puisqu'il faut voir et être vu, David Rachline et Jean-Lin Lacapelle postent les photos de leur table sur Instagram. La fête fait souvent oublier la prudence à l'ancien « M. Internet » du FN, qui conseillait lui-même à ses ouailles, au cours de ses formations, de « ne pas poster de photos de vacances ou des commentaires privés » sur les réseaux sociaux.

Leurs plus belles retrouvailles se déroulent toujours en terres varoises. Jean-Lin Lacapelle aime tellement Fréjus qu'il y passe tous ses étés. Pendant des années, le cadre lepéniste a d'ailleurs dormi dans les propriétés d'Alexandre Barbero : le Touring, avec sa vue sur la baie de Saint-Raphaël, son restaurant de sushis et sa position centrale, a ses faveurs. « L'année dernière, j'y suis resté dix jours, et ça m'a coûté cher », me jure, la main sur le cœur, le parlementaire. Pour plus de simplicité, Jean-Lin Lacapelle a depuis fait l'acquisition d'un appartement sur le bord de mer, à deux pas du Kazaar. « La maison », comme il surnomme le bar. Là-bas, l'eurodéputé peut être lui-même : le 31 juillet 2020, il y arbore un tee-shirt noir à l'effigie de Vladimir Poutine, accompagné d'une inscription en russe, « le plus poli des hommes ». Sur la photo, Jean-Lin Lacapelle singe le patron du Kremlin, main posée sur la tempe et lunettes aviateur. En légende, il écrit : « Jamais loin de mon ami Vlad... », au sujet de celui qui avait alors déjà annexé la Crimée.

Son compère Faroud partage le même amour des vêtements à message. En août 2022, l'entrepreneur pose aux côtés de Lacapelle, vêtu d'un tee-shirt noir où s'affichent en lettres capitales : NO COOPERACION CON LA POLICIA. « On ne choisit pas toujours ses amis... », s'amuse Jean-Lin Lacapelle, qui publie la photo sur les réseaux sociaux. Un message « aimé », évidemment, par David Rachline. Pour oublier ses ennuis, la troupe savoure ce jour-là un charmes-chambertin 1992, grand cru de Bourgogne, estimé à près de 1 000 euros la bouteille.

Jordan Bardella complète régulièrement la bande de vacanciers. Le président du Rassemblement national a, depuis plusieurs années, choisi le Varois comme meilleur copain de bringue. Lui non plus ne loupe jamais un été au bord de la Méditerranée. Les trois hommes – Lacapelle, Rachline, Bardella – étaient encore présents, en août 2023, sur les canapés beiges du Kazaar. « David est l'un des plus proches conseillers de Jordan Bardella. C'est l'un de ses, si ce n'est SON meilleur ami », m'assure la lepéniste Mathilde Androuët, elle aussi membre du premier cercle de Bardella. Une proximité qui a même poussé le patron du RN à caresser l'idée d'une candidature aux législatives, en 2022, dans la quatrième circonscription du Var, celle de Saint-Tropez. Une façon, planifiaient les deux hommes, de pérenniser leurs virées festives. Depuis qu'il a découvert les plages privées de Ramatuelle et le célèbre club du Nikki Beach, Jordan Bardella goûte une adolescence dont l'a privé la politique. À l'abri des regards, protégé par son ami et ses réseaux, le jeune homme de 27 ans boit, danse, drague. Philippe Olivier, conseiller et beau-frère de Marine Le Pen, use à l'époque de tout son poids pour faire échouer son projet d'installation tropézienne. Une façon, jurent plusieurs cadres, de protéger aussi les intérêts de sa fille, Nolwen, à l'époque en couple officiel avec Jordan Bardella.

Pour ses virées de célibataire, la plupart du temps, Jordan Bardella pose lui aussi ses valises au Touring, où les serveurs en costume noir et chemise blanche le connaissent bien. Fin octobre 2021, le président (alors par intérim) du RN descend à l'hôtel en vue d'une réunion publique qu'il doit donner à Toulon. Peu importe que son lieu de résidence soit situé à plus d'une heure de route de la capitale varoise : le déplacement débouche sur trois jours de fête. Une voiture avec chauffeur est même affrétée par la mairie de Fréjus pour certains de ses déplacements.

À la fin du séjour, son conseiller en communication, Pascal Humeau, avec qui il est aujourd'hui brouillé, s'inquiète à la réception de l'hôtel :

« On vous doit quelque chose ? demande-t-il.

– Non, juste les taxes de séjour et les petits déjeuners en chambre à votre arrivée. Pour le reste, nous avons des instructions », répond la réceptionniste, selon le récit de Pascal Humeau.

L'ancien journaliste s'étonne : les nombreuses consommations au bar, le petit déjeuner, les deux très belles chambres… Cadeau du patron, Alexandre Barbero ? « C'est pour ça que c'est agréable de venir à Fréjus », lui aurait répondu dans un sourire Jordan Bardella[1].

---

1. Depuis la publication, en janvier 2023, de l'article de L'Express, Jordan Bardella n'a plus jamais répondu à mes demandes de rendez-vous, ni à aucun de mes messages. « Vous savez très bien pourquoi… » me glisse son attaché de presse, Victor Chabert, à l'occasion du 1er mai 2023.

6

UNE FEMME, UNE MONTRE ET DE L'ARGENT SALE

Julie Lechanteux hurle dans les couloirs de la mairie de Fréjus. L'adjointe chargée de l'enfance tambourine à la porte capitonnée de David Rachline. Ce 5 octobre 2015, la jolie brune de 37 ans, visage en amande, yeux bleus fardés, n'est pas encore députée de la cinquième circonscription du Var. Pour l'heure, l'ancienne coiffeuse à domicile n'est que colère. « David, je sais que tu es là ! Sors ! » Le maire de Fréjus reste cloîtré dans son bureau, silencieux, en attendant que l'orage passe. Une autre femme se trouve à ses côtés. Presque un vaudeville. La situation pourrait être comique si, dehors, le Sud-Est tout entier n'était pas confronté à un épisode d'inondations meurtrières. Deux jours plus tôt, un déluge s'est abattu sur la région : 20 morts, 605 millions de dégâts, dans le Var et les Alpes-Maritimes. Fréjus n'est pas épargnée et une partie de la population dort toujours dans des hangars de fortune. Mais, ce soir-là, c'est à Julie Lechanteux que le personnel de la municipalité porte assistance. Vite, un verre d'eau.

De retour à son bureau, l'élue fréjusienne hurle toujours. « Je vais tout balancer, David ! Je vais écrire à Marine ! » prévient-elle. Le Pen, bien entendu. Qui d'autre ? Tout le monde se tait. La menace revient sans cesse depuis plusieurs semaines dans la bouche de l'élue. Ce n'est pas la première tempête qu'essuie David Rachline avec elle, mais certainement la plus grosse depuis que leur relation a commencé, quelques mois plus tôt. Les deux amants ont pris l'habitude de se quitter avec fracas, puis de se réconcilier. La mairie vit au rythme de cette histoire tumultueuse. À des conseillères municipales, elle confie avoir fait de la magie noire pour punir David Rachline et jeter le mauvais œil à sa prochaine compagne. À d'autres, elle montre le message envoyé à Bruno Bilde, conseiller privilégié de Marine Le Pen, dans lequel elle pointe le directeur général des services, Marcel Sabbah, coupable selon elle d'influencer négativement le maire de la ville, de le faire boire et de lui présenter des femmes. Celle qui est aussi conseillère départementale aurait évoqué, selon plusieurs témoins qui m'ont relaté l'épisode avec précision et constance, la corruption d'un entrepreneur à l'endroit de David Rachline, les cadeaux offerts ainsi qu'une mystérieuse montre. S'il concède avoir été son confident pendant un certain temps, Bruno Bilde nie, huit ans plus tard, avoir jamais reçu un message aussi détaillé. « Sinon, j'aurais dû le dénoncer », rappelle dans un sourire le député du Pas-de-Calais.

Le temps adoucit l'humeur de Julie Lechanteux. La militante, qui aime à rappeler ses années de galère comme mère célibataire (« privée de logement social car je n'avais pas un nom à consonance étrangère »), est gâtée par le parti. Placée en seizième position sur la liste du RN aux européennes de 2019, la voici élue députée européenne sans avoir eu à faire campagne sur son nom. Le fruit d'un arrangement entre David Rachline et elle, qui pourrait viser à apaiser leur conflit. Une fois l'orage de la séparation passé, les anciens amants resteront en apparence bons amis, multipliant les inaugurations, cérémonies et réunions publiques côte à côte. David Rachline se pense à l'abri. Le maire de Fréjus oublie qu'il est difficile de faire taire un secret lorsqu'il appartient à plus de deux personnes.

Lorsque la teneur du message envoyé à l'époque par Julie Lechanteux me parvient, en septembre 2021, un long, méticuleux et aride travail de vérification débute. Il faut retrouver cette montre, un objet qui raconte un système, seule preuve, au départ, d'une possible mécanique de corruption à l'œuvre à Fréjus. Coups de fil par dizaines. J'apprends alors que la montre aurait été achetée, en 2015, par Arnaud Collier, le chauffeur de David Rachline, dans la bijouterie du centre commercial Cap3000 de

Saint-Laurent-du-Var, et payée en grande partie en liquide. De l'argent issu des enveloppes d'Alexandre Barbero, contreparties de chantiers obtenus grâce à l'édile. Trouver la montre, c'est gravir la première marche d'un potentiel système de corruption dont j'ignore la portée.

Vérification faite, la transaction, supérieure à 15 000 euros, figure bien dans les registres du magasin. La facture a même été réglée en liquide, au nom d'Arnaud Collier. Vertige. Sur Instagram, où le blond au visage enfantin aime poser nu, fesses à l'air, et affiche clairement ses préférences (#gay, #gayboy, #gaymen), ses poignets sont vierges. Aucune montre, aucun bijou. L'achat a de quoi interpeller : alors âgé de 24 ans, il ne roulait pas sur l'or avec son salaire d'assistant parlementaire. À peine 1 200 euros par mois, selon les registres du Sénat, pour un travail de chauffeur, auquel il faut ajouter des missions sur le compte de la mairie, pour environ 700 euros par mois. Ses amis sont tous formels : jamais le jeune homme n'a porté, de sa vie, de montre de la marque Hublot. Entre 2015 et 2018, en revanche, il a été l'ombre de David Rachline. C'est lui qui conduit la Laguna coupé Monaco GP du sénateur du Var. Lui aussi, au volant de la Renault Latitude Initial Paris, qui attend pendant des heures le maire de Fréjus, de jour comme de nuit. Un avantage dont le candidat avait pourtant promis de se passer, lors de sa campagne de 2014. Sans permis de conduire, l'élu n'a pas tenu longtemps. Qui imagine le maire inscrit à l'auto-école pour passer le code ? David Rachline craint autant l'échec que la honte d'être reconnu. Selon plusieurs témoins, c'est son chauffeur qui se serait occupé pendant les premières années de cacher une partie du liquide, quand il ne se chargeait pas directement d'acheter en son nom des cadeaux pour David Rachline ou son entourage.

Depuis sept ans, la fameuse montre Hublot apparaît régulièrement au poignet de David Rachline. Y compris quand Arnaud Collier cesse d'être à son service. Lors des universités de rentrée du RN, en septembre 2022, je demande au photographe indépendant Denis Allard de réaliser quelques images de l'avant-bras du maire. Le lourd bracelet métallique est bien présent. Sur la photo, publiée dans *L'Express* en janvier 2023, on aperçoit aussi Jordan Bardella et Marine Le Pen, tous deux assis aux côtés de l'élu.

David Rachline ignore l'existence de cette preuve quand il me reçoit, en janvier 2023, dans son bureau fréjusien. « La seule montre que je possède, c'est celle que mon beau-père m'a offerte. J'ai une montre. Je n'ai qu'une montre », répète-t-il à trois reprises, en mentionnant une Rolex. J'insiste :

« Vous n'avez pas de montre Hublot ?

– Non, je n'ai pas de montre Hublot.

– Vous n'en avez jamais eu ?

– C'est la loi de la rumeur tout ça. Je fais ce que je veux de ma vie privée. Si je veux demander à un pote de me prêter une montre ou un bracelet, c'est mon problème. Je fais ce que je veux de ma vie privée. Ce sont des gens malveillants qui par volonté de me déstabiliser racontent n'importe quoi.

– Vous n'avez pas de montre Hublot ou vous en avez eu une à un moment ?

– C'est mon problème. Je ne vous demande pas la marque de votre veste. Je vous ai répondu que non.

– Pourtant vous en portiez une au Cap d'Agde à la rentrée parlementaire.

– Et donc ?

– D'où vient-elle ?

– J'ai peut-être un ami qui me l'a prêtée, c'est possible. Et si j'ai envie de m'acheter une montre, je m'achète une montre.

– Bien sûr, mais vous m'avez dit que vous n'en aviez pas acheté. Vous m'avez dit : "La Rolex, c'est la seule montre que j'ai." Moi, on me dit que cette montre Hublot a été achetée par votre chauffeur, en 2015.

– Je vous dis que c'est faux. »

Silence. Je reprends :

« Vous n'avez jamais demandé à quiconque d'acheter une montre ?

– On me disait aussi que je couchais avec mon chauffeur, j'ai tout entendu.

– Non, mais c'est bizarre de dire qu'on n'a pas quelque chose quand on l'a…

– Je ne vous ai pas dit que je ne l'avais pas, je vous ai dit que ça relevait de ma vie privée. Qu'on pouvait me prêter des choses.

– Ils sont sympas vos copains qui vous prêtent des montres à 15 000 euros…

– Bien sûr, j'ai des copains très sympas. Et ?

– Je trouve étrange que votre chauffeur achète une montre à 15 000 euros à 24 ans, alors qu'il est payé le SMIC par le Sénat.

– C'est son problème. Je ne contrôle pas ce qu'achètent mes collaborateurs.

– Mais convenez que c'est étrange de retrouver cette même montre à votre poignet.

– Mais qui vous dit que… que c'est cette montre ? Vous n'en savez rien. »

Quelques mois plus tard, David Rachline change soudainement de stratégie de défense. Désormais, il reconnaît être le propriétaire de cette montre, achetée « via son chauffeur », et réglée avec de l'argent provenant de son père, décédé douze ans plus tôt. Dans un article qui reprend mon enquête, le journal *Libération* note aussi, photos à l'appui, qu'il ne possède pas une, mais au moins quatre montres, car s'ajoutent à la Hublot une « ronde » de chez Cartier et deux Rolex, une Datejust II et une Oyster Perpetual, pour une valeur minimale de plus de 30 000 euros.

« J'ai trois montres », m'affirme en août 2023 David Rachline, qui reconnaît désormais avoir demandé à son chauffeur d'acheter en son nom la Hublot. « Je ne souhaitais pas mettre en avant un tel achat, qui n'est jamais bien perçu pour un homme politique. » Au Sénat, avant de monter à la tribune, David Rachline n'oubliait jamais d'enlever sa Rolex de son poignet. « Ça ne fait pas très "peuple" », confiait-il à l'époque dans un sourire à son voisin Stéphane Ravier.

La Hublot n'est pas le seul bijou à avoir été acheté via un prête-nom, en liquide, pour éviter toutes traces des dépenses de David Rachline. C'est grâce à ce procédé qu'il gâte, par exemple, Magalie Bury, entre 2016 et 2021. Alors qu'il ne fréquente la jolie brune que depuis quelques mois, le maire lui offre un bracelet de la marque Fred, réplique d'une ancre marine en or blanc, sertie de diamants. La facture, réglée en liquide, avoisine les 6 000 euros. Et, comme pour la montre Hublot, officiellement, ce n'est pas David Rachline l'acheteur, mais son ami Farshad Forouzandeh, comme le retracent encore les registres du magasin. Le bijou, lui, demeure solidement accroché au poignet de l'ancienne compagne de David Rachline, depuis 2016, visible sur les nombreuses photos que la jeune femme publie sur les réseaux sociaux. La Fréjusienne n'a pas voulu me répondre. Elle ne pouvait ignorer ce système : lors de la campagne des municipales de 2019, la jeune femme aide même David Rachline à « cacher » la montre Hublot pendant quelques mois, comme me l'apprend un enregistrement clandestin du maire que j'ai obtenu. L'édile craignait qu'une perquisition malheureuse ne vienne perturber sa prochaine campagne municipale.

Lorsque je publie ma première enquête, dans *L'Express*, en janvier 2023, et mentionne pour la première fois l'existence de cette montre, photos à l'appui, la colère de David Rachline explose. Le maire cherche à trouver la ou les auteurs des fuites, convaincu qu'une conjuration d'anciens, de déçus et de fâchés veut sa peau. Mais, plus que tous les autres, celle qui concentre sa rancune s'appelle Julie Lechanteux. Les mots de l'élu à son encontre, captés par un autre enregistrement, en janvier 2023, sont sans équivoque. « Cette conne de Julie. C'est la pire des salopes », lâche distinctement le maire, qui ne s'arrête pas dans les insultes : « pute », « salope », « reine des connes »... « Qu'est-ce que tu lui as pas donné ? » l'interroge son interlocuteur, qui cherche à comprendre si l'intéressée aurait eu des raisons, par dépit, de vouloir se venger de lui. « Pas grand-chose, hein, franchement », répond le maire de Fréjus, en référence aux investitures obtenues par la jeune femme à différents scrutins, qui permettent aujourd'hui à l'ancienne coiffeuse de siéger au

Palais-Bourbon, après avoir été députée européenne, conseillère départementale et élue municipale. Qui a dit que les histoires d'amour finissent mal, en général ?

7

FRÉDÉRIC MASQUELIER, LE GRAND AMI DE DROITE

David Rachline a la voix éraillée. Sur l'estrade de l'auditorium de Fréjus, ce jeudi 26 janvier 2023, le trentenaire semble lutter contre une montagne de fatigue, le souffle coupé, en costume noir, agrippé à son pupitre blanc. Comme chaque année, le maire de Fréjus a invité ses administrés et son équipe municipale pour ses vœux. Pour un peu, on se croirait à un meeting de Marine Le Pen, ou au Puy du Fou : arrivée de l'édile sur une musique de péplum, discours alarmiste sur le « déclassement de la France qui s'amplifie », « la désolation et la colère ambiante qui règnent dans le pays », exaltation « du feu sacré des pionniers romains qui ont fondé la cité ». « Nous avons la chance de vivre en un lieu privilégié, même si l'insécurité gangrène notre pays. Il n'y a qu'à suivre l'actualité des grandes agglomérations wokistes pour s'en convaincre », déplore le vice-président du Rassemblement national.

Au premier rang, Frédéric Masquelier, le maire de Saint-Raphaël, écoute religieusement son homologue, lèvres charnues pincées et plaisir non dissimulé. Pour l'occasion, le secrétaire départemental du parti Les Républicains a ordonné à tous ses adjoints de l'accompagner. David Rachline dit : « Cher Frédéric », et l'intéressé sourit. Voilà plus de cinq ans que ce Belge, naturalisé français en 2014, est officiellement maire de la ville voisine. Il semble loin le temps où l'élu dénonçait, en 2016, « l'esprit de fermeture, le rejet de l'autre, l'avarice des sentiments » propre à l'extrême droite. Tout le monde a oublié, aussi, que David Rachline déclarait en 2013 au sujet de la droite : « Ici, l'alliance est exclue, l'UMP a un bilan catastrophique. »

En cet après-midi de janvier 2023, le maire de Saint-Raphaël retrouve avec un plaisir non dissimulé Julie Lechanteux, l'ancienne compagne de David Rachline, devenue députée, avec laquelle il lui arrive de partager un déjeuner. À sa gauche, bottines rouges et veste grise, la sénatrice et conseillère départementale Françoise Dumont, elle aussi membre du bureau national des Républicains, complète le premier rang. Un instantané d'union des droites, à faire rosir de plaisir Éric Zemmour. Une entente comme on en voit peu ailleurs, dictée, jurent les protagonistes en chœur, par l'intérêt général du territoire.

« David et Frédéric Masquelier ont compris qu'un trottoir n'était ni de droite ni de gauche », se félicite Julie Lechanteux. Les maires mettent en avant l'intérêt de leurs deux communes mitoyennes, qu'un touriste de passage pourrait difficilement distinguer l'une de l'autre tant la séparation entre elles ne semble, au premier abord, qu'administrative. « Frédéric Masquelier est quelqu'un que j'apprécie. Les gens en avaient marre de la guerre Élie Brun – Georges Ginesta », affirme simplement David Rachline, en référence à leurs deux prédécesseurs. Quant à Frédéric Masquelier, assis derrière son bureau, un matin de janvier 2023, il développe « une théorie de la copropriété ». « On s'entend bien, mais uniquement pour les décisions qui concernent les parties communes », jure-t-il. Selon le patron de la droite locale, « avant, rien ne se faisait ». Avant, comme toutes ces années où les deux villes, fausses jumelles toujours rivales, n'ont pas réussi à accorder leurs violons sur l'essentiel. Alors oui, plaide-t-il, il a proposé à David Rachline « un pacte de gouvernance » à l'agglomération, lors de son élection, en 2020. En clair : le premier garde la présidence et le second obtient en échange cinq vice-présidences. Une façon d'assurer au lepéniste une représentativité à la hauteur du poids de sa ville, la plus peuplée du regroupement, assume Frédéric Masquelier. Et l'assurance que les relations de l'intercommunalité avec ses voisines ne subiront pas le cordon sanitaire souvent réservé à l'extrême droite. Un tel accord est pourtant totalement inédit. L'ancien maire de Saint-Raphaël, Georges Ginesta, refusait toute accointance avec le parti lepéniste. Sous son mandat, les communes s'accordaient pour faire élire comme représentants de Fréjus des membres de l'opposition à David Rachline, et ne concédaient aucune vice-présidence à la ville RN. Une ligne que son successeur et protégé avait juré de conserver, avant d'effectuer un virage à 180 degrés.

Désormais, l'entente dépasse de loin les seuls intérêts de l'intercommunalité, et les renvois d'ascenseurs entre les deux hommes sont nombreux. David Rachline a par exemple tout fait pour que l'élection municipale de Frédéric Masquelier, en 2020, soit un plébiscite. Son allié jouait gros : il s'agissait alors de son premier scrutin sur son nom, après être devenu maire à la faveur de la démission de son prédécesseur, Georges Ginesta, qui préférait siéger au Sénat. Pour preuve de son amitié, David Rachline débranche alors son bras droit, Philippe Lottiaux, responsable RN de Saint-Raphaël. Cet ancien collaborateur de Patrick Balkany avait pourtant commencé à mener campagne, faisant le tour des fédérations sportives et des notables du coin. À tous, il se présente comme le futur candidat de Marine Le Pen dans la ville. Mais, quelques mois avant le scrutin, David Rachline lui ordonne de se retirer. Le jeune Christopher Pecoul est imposé à sa place. Un complet inconnu, qui travaille au sein du cabinet du maire de Fréjus, militant RN sans expérience ni réseau. De quoi offrir au voisin Masquelier une élection dès le premier tour, avec plus de 57 % des voix, quand Christopher Pecoul totalise moins de 13 %, divisant par trois le score de son parti obtenu aux européennes, un an plus tôt, sur la commune. Philippe Lottiaux, lui, est nommé, un an plus tard, directeur général des services de l'agglomération par Frédéric Masquelier. « Je cherchais quelqu'un de compétent, c'est un énarque, ce n'était pas politique », soutient le Raphaëlois, oubliant de préciser que ce poste clé est l'un des plus stratégiques au sein d'une agglomération. Une fonction que l'intéressé cumule avec son emploi à Fréjus. Selon sa propre déclaration à la HATVP (Haute autorité pour la transparence de la vie publique), Philippe Lottiaux a ainsi gagné 38 238 euros en 2021 via l'agglomération, en plus des 92 581 euros versés par la mairie. Soit un joli salaire mensuel – net – de 10 901 euros.

Frédéric Masquelier sait remercier ses nouveaux amis. Lorsque la protégée de David Rachline, Julie Lechanteux, se présente dans la cinquième circonscription du Var, à cheval sur Fréjus et Saint-Raphaël, le maire LR pousse à son tour un candidat novice pour mener la bataille, le docteur Jean-Marc Maurin. Une personnalité respectée dans le milieu hospitalier varois, mais sans expérience politique ni notoriété. D'autres avaient pourtant manifesté leur intérêt, comme Hafida Rami, la sœur du champion du monde de foot Adil Rami, adjointe au sport et solidement implantée localement. La campagne du docteur Maurin, qui se dit en privé isolé et peu soutenu par Frédéric Masquelier, est un désastre. « Je me bats contre tout le monde, c'est un peu dérangeant », confie-t-il un jour à un proche. Le jour du vote, il est le seul candidat dont les professions de foi n'ont pas trouvé le chemin des boîtes aux lettres. Pire, sur son bulletin de vote, aucune mention du logo Les Républicains. « C'était un arrangement ! » fulmine encore le président (ex-LR) de la région PACA Renaud Muselier, qui résume ainsi l'accord officieux ficelé selon lui par Rachline et Masquelier : « Tu ne m'embêtes pas à Saint-Raphaël, et en échange je te mets dans les pattes un candidat qui n'a strictement aucune chance de passer aux législatives… » L'ancien chiraquien avait pourtant mis en garde le président de LR de l'époque, Christian Jacob, lors de la nomination de Frédéric Masquelier comme secrétaire départemental du parti : « C'est un frontiste caché… » Lors du second tour des législatives, qui voit Julie Lechanteux affronter un candidat macroniste, le maire de Saint-Raphaël s'abstient de toute consigne, contrairement au candidat LR, Jean-Marc Maurin, qui décide – seul, encore une fois – d'appeler à faire barrage à l'extrême droite. Faut-il s'étonner que Frédéric Masquelier ait donné, quelques semaines plus tôt, son parrainage à Marine Le Pen en vue de la présidentielle ? Selon l'intéressé, tous ces faits seraient indépendants les uns des autres et dénués de sens politique. C'est un secret mais, depuis sa victoire, le maire fait régulièrement livrer des fleurs à Julie Lechanteux, à travers les services discrets d'une boutique de Valescure, à Saint-Raphaël.

Qu'est-ce qui sépare encore Frédéric Masquelier de David Rachline ? Sur sa commune, le premier adopte une posture dure sur la sécurité, et n'hésite pas à marcher dans les pas du Rassemblement national. Sous son mandat, les associations ont reçu l'ordre de participer aux cérémonies de commémoration, sous peine de se voir couper le robinet des subventions. « Pour s'aimer, il faut aimer son pays », répète le maire, qui revendique des postures « de droite, qui ont comme effet de diviser par deux les voix du RN ». Lorsque des violences secouent le quartier populaire de la Gabelle en décembre 2022, en marge du match Maroc-Espagne durant la Coupe du monde de football, l'édile prend son téléphone et propose à David Rachline de suspendre les subventions de l'agglomération pour cette zone de Fréjus, afin de « punir » la trentaine de jeunes responsables des affrontements avec les forces de l'ordre. Au total, ce sont 69 000 euros qui s'envolent pour ce quartier défavorisé. De l'argent destiné à la création d'une microcrèche, à une structure de cours de français pour femmes étrangères et à une association de prévention dans l'aide sociale à l'enfance. « C'est faux de dire que je suis un RN caché, je soutiens David Lisnard », se défend l'intéressé en référence au maire LR de Cannes. Des photographies de Nicolas Sarkozy et de Gérald Darmanin trônent dans son bureau. David Lisnard semble pourtant mal à l'aise quand je l'interroge sur les rapports entretenus par son protégé avec l'extrême droite varoise. Il élude : « Je n'en sais rien, avec Masquelier, nous parlons de bureaucratie » (le sujet du dernier livre de Masquelier, dont il a signé la préface). Quant au président de LR, Éric Ciotti, il évacue l'affaire d'un geste, dans son bureau de la rue Vaugirard : « Il s'agit d'un contexte purement local, je n'y vois aucune lecture nationale. »

Philippe Schreck, lui, prend moins de pincettes. « Ce qui nous sépare ? Rien ! Plus Frédéric se rapproche de nous, plus je suis content », s'enthousiasme le député RN du Var. L'avocat n'est autre qu'un vieil ami de faculté du maire de Saint-Raphaël, qui plus est son associé jusqu'en 2018. Un partenariat qui embarrasse l'édile. Le lendemain de notre entretien, Masquelier me rappelle un brin bredouillant, pour insister sur une collaboration qui n'aurait duré « qu'un an », et une relation aujourd'hui « en mauvais termes ».

Seul son prédécesseur Georges Ginesta s'est offusqué publiquement de cette alliance de fait avec le RN. « Frédéric Masquelier est devenu le vassal de David Rachline ! » déclarait le retraité de la politique, en 2020, dans la presse locale. Plus que l'intérêt de sa commune, l'actuel maire de Saint-Raphaël – dont les inclinations récentes l'ont fait poser aux côtés d'Édouard Philippe dans une réunion Horizons, soutenir Renaud Muselier pendant les régionales de 2021, pour finalement lui déclarer la guerre et se rallier à Éric Ciotti – semble décidé à s'acheter une paix électorale, en évitant toute candidature lepéniste trop sérieuse sur son territoire. L'avocat le sait : le Rassemblement national a grignoté peu à peu l'espace politique du département, donnant aux élus de droite des airs de dinosaures. Et puis, l'entente des deux édiles fait le bonheur des entrepreneurs locaux, à commencer par Alexandre Barbero.

8

LA LR CONNEXION, UN SYSTÈME VAROIS

Le mariage secret entre la droite locale et l'extrême droite dépasse de loin le simple cadre de l'intercommunalité. Le département tout entier est devenu le laboratoire de cette union honteuse. Au conseil départemental du Var, élus LR et RN travaillent main dans la main, au point que les seconds votent en faveur du budget. Un fait exceptionnel pour des élus de l'opposition. En 2022, les deux représentants du RN, Christophe Chiocca et Sonia Lauvard, se sont ainsi félicités de « la maîtrise des dépenses de fonctionnement » et de « la gestion prudentielle de la majorité ». Le reste de l'année, ces derniers ne posent aucune question, et assurent de leur vote la majorité sur la quasi-totalité des sujets. « C'est du bon sens, le département est très bien géré », m'affirme Sonia Lauvard. Une attitude très éloignée de la ligne adoptée par le parti d'extrême droite au niveau national, au point de provoquer la colère de Marine Le Pen en commission nationale d'investiture : « Qu'est-ce que c'est que cette histoire ? » s'est agacée un jour la cheffe de file du parti. David Rachline a alors été contraint de défendre sa théorie de la bonne entente, destinée à favoriser sa commune pour l'obtention de subventions. « C'est très peu politique », argue-t-il devant moi, assumant « de très bonnes relations avec le conseil départemental ». Mais tout le monde ne l'entend pas de cette oreille localement. « Le fait que nos élus votent le budget du département ne me satisfait pas. Cela revient à valider les choix stratégiques de la majorité », regrette Amaury Navarranne, responsable lepéniste à Toulon et historique du FN varois.

La stratégie du maire de Fréjus est résumée crûment par son homologue de Cogolin, Marc-Étienne Lansade. « David a compris comment ça marche, sourit-il. Une ville, si on fait très bien la pute, on obtient du budget pour briller. On ne fait que ça, du clientélisme ! Si on ne fait qu'avec l'argent de base, on donne juste à manger aux fonctionnaires. » La stratégie de David Rachline permettrait selon lui à son voisin de bénéficier plus facilement des généreuses subventions du département.

L'entente avec la droite comprend également d'étranges arrangements électoraux, jamais officiels, à l'abri des lumières publiques. En juin 2021, alors que le Rassemblement national présente des candidats dans tout le département, le parti laisse deux cantons vides. Aucun candidat lepéniste ne s'oppose à Didier Brémond, à Brignoles, ni à Marc Giraud, le président du département de l'époque, à La Crau. Un choix d'autant plus incongru que le RN enregistre d'excellents scores dans ces deux territoires. Quelques mois plus tôt, des élus de droite avaient eu la surprise d'apercevoir Giraud à la table des deux conseillers départementaux du RN, au restaurant du département, pour partager un déjeuner convivial. « Mais, tu fais quoi ? » l'a alors interrogé le sénateur LR Michel Bonnus, qui comprendra, quelques semaines plus tard, l'issue du repas. Impossible de croire David Rachline quand il m'affirme ne « pas avoir trouvé de candidat de bon niveau » sur ces cantons. L'argument pourrait s'entendre dans le cadre d'une élection municipale, où il faut trouver une trentaine de noms et respecter une parité parfaite. Mais les cantonales ne demandent qu'un duo, avec deux suppléants.

Dans le cas de Brignoles, David Rachline intervient lui-même pour que son militant implanté localement se présente loin de chez lui, à Toulon, où les chances de victoire sont pourtant moindres. Aux élections municipales brignolaises de 2020, déjà, l'édile de Fréjus avait demandé à ses troupes de ne pas monter de liste sur la commune afin de préserver ses bons rapports avec le maire, Didier Brémond. Le choix de préserver le président du département, Marc Giraud, est d'autant plus surprenant que le chef de l'exécutif local est, à l'époque, poursuivi dans le cadre de plusieurs affaires judiciaires. Une indulgence qui provoque des remous à l'intérieur du parti, et la colère de cadres historiques du département comme le Toulonnais Amaury Navarranne et l'élu RN Frédéric Boccaletti. Eux se souviennent de la formule de Jean-Marie Le Pen, qui claironnait en son temps « Tête haute, mains propres ». Mais David Rachline n'apporte aucune justification à leurs questions teintées de reproches. Il campe même sur sa position, et permet la réélection haut la main des deux représentants de LR.

Lorsque Marc Giraud est finalement condamné par le tribunal correctionnel, en octobre 2022, dans une affaire de détournement de fonds publics, et contraint à la démission, le maire de Fréjus observe le silence, s'abstenant de toute déclaration contre ceux qui sont, sur le papier, ses premiers adversaires politiques. Mais l'histoire ne s'arrête pas là.

Quelques semaines plus tard, l'élection du successeur de Giraud donne lieu à un étrange ballet. Le 26 octobre 2022, les 46 conseillers départementaux sont appelés au vote dans l'hémicycle de Toulon. Trois candidats de centre droit se trouvent sur la liste de départ : le maire de La Londe-les-Maures, François de Canson, proche du président de la région PACA, Renaud Muselier, Didier Brémond (LR) et Jean-Louis Masson (LR aussi), vice-président du département et protégé de Marc Giraud. Au premier tour, la victoire semble offerte à de Canson. Sur le tableau au moins : 18 % pour le centriste, 14 % des suffrages pour les deux autres. Mais au second tour, coup de théâtre. Didier Brémond, qui avait promis à de Canson son soutien, se retire au profit de Jean-Louis Masson, qui s'est manifestement montré plus généreux dans son offre politique.

« Magnifique victoire face aux macronistes ! Un à un, Les Républicains regagneront en PACA les territoires obtenus par les macronistes grâce à la trahison de médiocres opportunistes », se félicite sur Twitter le président du parti de droite, Éric Ciotti. Les perdants comptent les points. Une rapide analyse leur fait comprendre que Masson ne serait jamais arrivé deuxième *ex æquo* du premier tour sans les voix des deux élus RN, Christophe Chiocca et Sonia Lauvard. Un coup de pouce indispensable pour se maintenir au second tour et l'emporter.

Depuis, le président Masson et le maire Rachline rivalisent d'amabilités. À peine élu, le premier annonce en fanfare la construction, à Fréjus, du plus grand musée d'archéologie du Var. Trente millions d'euros de subventions, promis à l'occasion de l'un de ses tout premiers déplacements dans ses nouvelles fonctions. De quoi faire rougir de plaisir l'édile de la ville. Le président du département met aussi un point d'honneur à informer le maire de Fréjus de chacune de ses initiatives. Ainsi, lorsqu'il alerte Emmanuel

Macron sur les risques de sécheresse sur son territoire, l'élu envoie une copie de son courrier à David Rachline. Ce dernier lui répond dans un message ampoulé, en juillet 2023 : « Je vous remercie pour cette délicate attention et partage pleinement votre constat [...]. Vous pouvez me compter à vos côtés. »

Cette cordialité n'exclut pas de rappeler, à l'occasion, au président du département ce qu'il doit à l'extrême droite. En mars 2023, une altercation oppose la députée RN du Var Laure Lavalette et Jean-Louis Masson, au sujet du protocole lors d'une visite sur le stand du département, au Salon de l'agriculture, à Paris. La première s'estime mal traitée par le président du département et ses services, et décide de se plaindre par écrit. Je me suis procuré le courrier adressé à Jean-Louis Masson. « Votre propre élection à la tête du Conseil départemental est la preuve de l'attitude constructive des élus du Rassemblement national varois », lui rappelle la députée, à toutes fins utiles, après l'avoir incité vivement à corriger son comportement.

Peu de gens s'offusquent de ces arrangements entre amis. Marine Le Pen a fini par se ranger aux arguments de David Rachline. À droite, les voix qui s'inquiètent d'une alliance avec l'extrême droite sont rares, ou viennent du macronisme. Au sein des LR, les quelques courageux protestataires ont payé cher leur audace. Jean Cayron, le maire de

Roquebrune-sur-Argens, a publiquement contesté les choix du maire de Saint-Raphaël, et dénoncé l'alliance qu'il formait avec David Rachline. Il a démissionné de son poste de vice-président de l'agglomération formée par sa commune avec Fréjus et Saint-Raphaël. En guise de punition, Frédéric Masquelier a retiré leurs délégations aux deux élus roquebrunois. Le maire rebelle a fini par rentrer dans le rang, posant avec un sourire peu naturel aux côtés de Masquelier afin d'obtenir des subventions pour sa ville. Désormais, l'édile se tient loin des journalistes, craintif.

Être parlementaire ne confère à ce jeu-là aucune immunité. Michel Bonnus, sénateur Les Républicains du Var, en a fait les frais. L'homme à la carrure imposante et à l'accent chantant, restaurateur de profession, est pourtant d'un naturel jovial, grande gueule affective, peu porté sur la réserve. Lorsque le sénateur apprend dans *Var-Matin* que ses collègues LR Frédéric Masquelier et Françoise Dumont, tous deux membres du bureau national de son parti, applaudissent aux vœux de David Rachline, lui-même vice-président du RN, sa colère explose. « À quel moment la boussole politique de ces deux responsables politiques varois a-t-elle été perdue ? Un accord de LR avec le RN se dessine-t-il ? Le Var est-il un laboratoire expérimental ? » interroge-t-il sur les réseaux sociaux, avant de demander une clarification à son président, Éric Ciotti. Mais depuis ce jour, l'ancien rugbyman baisse la tête. Dans ce territoire où les habitants ont placé Marine Le Pen en tête dans 133 communes sur 153 au second tour de la présidentielle, en 2022, certains maires refusent poliment d'apparaître sur la photo à ses côtés. L'homme ne veut plus s'exprimer publiquement sur le sujet. « J'ai tellement pris... », a-t-il lâché à un proche. À tel point qu'il envisage de ne pas se représenter.

L'union des droites départementales a ses perdants. Et son grand vainqueur. David Rachline peut désormais coiffer la casquette d'élu présentable et respecté, intégré au jeu des partis traditionnels, loin des oripeaux réservés naguère au FN de Jean-Marie Le Pen. Les largesses de l'agglomération et du département lui permettent aussi de financer des projets pour sa ville, plus endettée que jamais, et d'asseoir une hypothétique réélection en 2026. L'homme de Marine Le Pen pense aussi aux régionales de 2028. Le RN n'a jamais réussi à conquérir une région : une victoire lui conférerait un statut d'icône au sein du parti. Il n'est pas besoin d'être un fin politologue pour réaliser que si une liste de droite venait concurrencer une liste du centre, et que toutes deux se maintenaient au second tour dans une triangulaire face au Rassemblement national, la formation lepéniste aurait toutes les chances de l'emporter. Une configuration qui a déjà permis la victoire à Fréjus, en 2014.

Le grand gagnant de ce jeu dangereux s'appelle peut-être, encore une fois, Alexandre Barbero. Le grand public l'ignore, mais le champion du BTP varois est l'un des artisans du rapprochement entre Frédéric Masquelier et David Rachline, qu'il réunit parfois dans le stade du club de foot de l'Étoile, ou dans ses établissements du Touring ou du Clos des Roses. L'entente entre les deux maires, et plus largement de tout l'écosystème politique varois, ne peut que satisfaire son appétit de béton : les grands projets, pour aboutir, doivent obtenir les subventions de l'agglomération, mais aussi du département et de la région. Récemment, Alexandre Barbero s'est plaint, lors d'un entretien à la chambre de commerce et d'industrie, de la guerre que se livrent Frédéric Masquelier et le président de région, Renaud Muselier. L'homme d'affaires craint que leur conflit ne finisse par pénaliser son business, en privant son coin de département des généreuses dotations régionales. Le triumvirat Masquelier (Saint-Raphaël) – Rachline (Fréjus) – Masson (département du Var) fait pour le moment son bonheur. Personne ne doute que le projet de « Promenade des bains », pharaonique aménagement du littoral sur l'agglomération, dont le budget est pour l'instant chiffré à 77 millions d'euros, ne tombe dans l'escarcelle de ses entreprises. Sur les visuels 3D publiés sur le site de l'agglomération, une large coulée de béton, agrémentée de palmiers, donne au bord de mer un air de promenade des Anglais, en partie libérée des voitures et agrémentée de terrasses ombragées. Un chantier titanesque vivement critiqué par les oppositions. L'information n'est pas publique, mais l'ex-beau-frère d'Alexandre Barbero, l'architecte Jean-Pascal Clément, est déjà à l'œuvre dans la signature des plans. Des envies de grandeur auxquelles il faut ajouter, par exemple, des bâtiments de plage de 46 mètres de long à Fréjus, plus larges que l'Arc de Triomphe, pour contenter les restaurateurs qui possèdent des concessions sur le littoral. À Saint-Raphaël, où une partie des travaux s'achève, plusieurs commerçants se sont émus de voir le chantier commencer devant les portes du Touring, l'hôtel de luxe d'Alexandre Barbero, situé pourtant en plein milieu de la promenade.

Que dire d'un autre projet, celui de la création d'un parking semi-enterré de 450 places, en zone exposée au risque de submersion marine, en plein milieu de Fréjus ? Construire sous le niveau de la mer, dans une zone où les inondations sont nombreuses, ne cesse d'interroger l'opposition. Sans oublier que le coût du chantier, 20 millions d'euros, supporté par la Ville, n'est même pas compté dans le budget officiel de la promenade. Un rapide calcul permet d'obtenir le prix de revient de la place : plus de 40 000 euros, contre 10 000 euros en temps normal…

La pompeuse « Promenade des bains » n'est pas

le seul chantier polémique, même s'il constitue indéniablement le plus pharaonique du territoire. Dans le cadre de son « pacte de gouvernance », l'agglomération a voté à l'unanimité en faveur de la construction d'un nouveau stade de football, réclamé à grands cris par Alexandre Barbero. En 2023, le conseil municipal de Fréjus s'est positionné pour l'achat d'un terrain de 50 000 mètres carrés situé au Capitou, sur les hauteurs de la commune. Un développement, qui s'accompagnerait de la création d'un centre de formation de joueurs, présenté comme « incontestablement nécessaire » par David Rachline, en dépit des chiffres et d'un rapport de la chambre régionale des comptes, publié en 2017, qui montre que sur les 850 spectateurs réunis en moyenne à chaque match de l'Étoile, 82 % ne paient pas leur place. Quel besoin y a-t-il donc d'un projet communautaire à 16 millions d'euros, pour un stade de 4 800 sièges et une équipe à la peine en quatrième division ? Du côté de Saint-Raphaël, Frédéric Masquelier juge, lui aussi, le projet favorablement, même s'il n'omet pas de me préciser que l'initiative, jugée non prioritaire, revient à son voisin.

L'allié de David Rachline se ménagerait-il des voies de sortie ? L'avocat de formation a toujours été plus prudent que son voisin fréjusien. À l'été 2023, le maire s'est emporté contre Alexandre Barbero et David Rachline, au sujet d'un gigantesque projet de construction dans la ZAC des Sables, à Fréjus, une immense zone en friche de plus de 30 hectares à bâtir à la frontière des deux villes. Le projet « essentiellement vertical », dont l'assistance à maîtrise d'ouvrage est confiée à Jean-Pascal Clément, prévoit la construction de quatorze immenses tours de dix-neuf étages. « J'ai une série d'interrogations, j'ai posé des conditions, notamment un urbanisme maîtrisé », confirme l'intéressé, qui s'est répandu dans toute la ville à ce sujet. Une prudence qui ne va pas jusqu'à remettre en cause l'importance de RBTP dans la région.

9

LES AMIS DE MES AMIS SONT MES AMIS

David Rachline est hors de lui, en ce 22 juin 2016. « Putain, où est le bureau de Barbier ? » hurle-t-il dans la mairie. Ses collaborateurs se jettent un regard consterné. Silence. « Il n'a pas de bureau ? enrage l'élu. Il a un ordi, au moins ? Non ? ! Mais putain, ça m'apprendra à être aussi gentil. » L'agitation gagne les employés de la mairie. « Le contrat de Barbier, il se termine quand ? Appelle-moi Lottiaux ! » s'époumone le maire, en référence à Philippe Lottiaux, qui est encore directeur général des services. Au bout du fil, le DGS répond d'une petite voix que le chargé de mission Stéphane Barbier a encore devant lui plusieurs mois de contrat. « Tu me le dégages, je ne veux plus le voir jusqu'à la fin de son contrat. » Avant de hurler de plus belle : « Il faut absolument qu'il ait un ordinateur ! »

Si le maire est dans tous ses états, c'est qu'une élue d'opposition, Françoise Cauwel, vient de l'interroger, en plein conseil municipal, sur la réalité du travail d'un chargé de mission, Stéphane Barbier, 47 ans à l'époque. « Occupez-vous de vos fesses », lui répond élégamment David Rachline. Quelques minutes plus tôt, l'édile lui avait déjà lancé qu'elle était « prête à se mettre une plume dans le cul pour se faire remarquer »… L'opposante demandait à ce que soient inscrites sur les procès-verbaux du dernier conseil les insultes dont elle avait fait l'objet. En séance, le maire déteste la contradiction, se montre capable de sortir d'un bond de la salle, cigarette aux lèvres, ou de couper le micro à ses opposants, surtout si ce sont des femmes. D'ordinaire, il se contente de lâcher « Détendez-vous, ça va bien se passer » aux élues qui osent le questionner. Souvent, David Rachline laisse ses militants, assis dans le public, injurier les opposants. Ce jour-là, le maire grimpe, furibond, exiger que ses équipes installent en vitesse un bureau et un ordinateur à celui qui ne met plus les pieds à la mairie depuis un an.

Si le maire a embauché Stéphane Barbier, c'est avant tout pour faire plaisir à son adjointe au logement, Brigitte Lancine, inquiète pour l'avenir de son compagnon, militant FN de la campagne municipale à Saint-Raphaël. Mais la greffe n'a pas pris : ni l'attitude ni les compétences professionnelles du chargé de mission n'ont convaincu ses collègues. Sa seule réalisation – une animation sur la plongée avec scooters des mers – s'est révélée catastrophique, mêlant improvisation et problèmes de sécurité. Six mois après son arrivée, plus personne ne souhaite avoir affaire à Barbier. L'homme se met alors à travailler, selon plusieurs témoins, pour Minh Tran Long, l'ancien membre du GUD – groupuscule radical et violent d'extrême droite – cofondateur de « La Patrouille de l'événement », société devenue prestataire privilégié de la ville à l'arrivée du maire FN. Officiellement salarié de la mairie, on le voit parfois arpenter Fréjus vêtu d'un tee-shirt au nom de l'entreprise.

En 2020, la chambre régionale des comptes se penche à son tour sur la réalité du poste de Stéphane Barbier. L'organisme de contrôle s'est intéressé de près, dans un rapport sur Fréjus, aux missions effectuées par cet instructeur de plongée sous-marine, qui enchaîne cinq CDD entre 2015 et 2018, puis un contrat comme chargé de mission, donc, sur une durée totale de deux ans et demi. « La réalité du service est de fait difficile à établir », note avec pudeur la cour dans sa synthèse, avant de détailler les faits dans son rapport. Pas de fiche de poste, pas de curriculum vitæ dans son dossier, des missions incohérentes avec les services de rattachement… Et, quand la chambre demande à la mairie de lui fournir les « productions élaborées par l'intéressé », les services n'envoient que neuf maigres documents : deux coupures de presse de *Var-Matin*, une note faite de copiés-collés sur Internet, quelques lignes sur des projets de musée ou d'institut de la Mer qui n'ont jamais vu le jour et dont le département n'a aucune connaissance, un prospectus sur l'événement nautique de 2016… « Les documents produits en réponse à la contradiction ne permettent toujours pas à la chambre d'apprécier la véritable production assurée par cet agent », concluent froidement les magistrats.

Ce n'est pas la première fois, ni la dernière, que David Rachline privilégie la proximité de tel ou tel dans ses embauches à la mairie. Il y place en priorité ses proches, et les proches de ses proches. Pierre Boué se souvient encore de sa déconvenue lorsqu'il prend son poste de directeur de cabinet, en avril 2021. « Je comprends vite qu'autour du maire on trouve des gens qui le tiennent ou qui sont tenus par lui. Certains élus ne connaissent même pas l'intitulé de leur fiche de poste… », s'étonne encore le fonctionnaire, qui constate que tous ont, en revanche, des attaches politiques, financières ou privées avec l'édile.

L'ami d'enfance de David Rachline, Julien Laszkiewicz, visage juvénile, cheveux courts, et fossette sur la joue, a ainsi réussi à placer une ribambelle de proches au sein des services municipaux. Est-ce une façon de remercier cet homme de confiance pour sa discrétion et sa prise de risque, lui qui aurait longtemps gardé à son domicile une partie de l'argent liquide du maire ? Selon plusieurs témoins, c'est à lui que David Rachline aurait longtemps confié ses documents les plus confidentiels et une partie du fruit des enveloppes[1]. « Tu me détruis ça », lance un jour David Rachline au sujet d'un ordinateur Macintosh à celui qui est aussi régulièrement son mandataire financier pour ses campagnes, devant témoin.

« Mais il est neuf !

– Tu me le détruis quand même », ordonne le maire.

Les amis de Julien Laszkiewicz ont été embauchés partout : à l'office du tourisme (Maxime Sgolmin-Giraudo), au cabinet du maire (Christopher Pecoul), au centre de loisirs (Jean Aguesse). Son ancien proche ami, le chauffeur Arnaud Collier, a été recasé en tant que gardien de parc, autant pour faire plaisir à Laszkiewicz que pour s'assurer du silence de l'ancien collaborateur. Même son ancienne belle-sœur, Charlène Ciccoli, est désormais secrétaire du maire. C'est elle qui sert le champagne, tard, la nuit, lorsque les fêtards remplissent le bureau de l'édile. « J'ai été lycéen et étudiant à Fréjus, je connais un grand nombre de personnes de ma génération », se défend le compagnon de route de David Rachline, qui nie être « jamais intervenu dans la politique d'embauche de la ville ».

L'ami fidèle n'est pas un cas isolé. On ne compte plus les conjoints, les enfants ou parents d'élus qui

1. Des témoignages « faux et ridicules » selon l'intéressé (voir Annexes).

peuplent la brigade de l'environnement, le service des sports, la villa Aurélienne, l'office du tourisme… Pour rentrer à la mairie, mieux vaut, aussi, émarger à l'extrême droite. Plusieurs militants RN de l'agglomération ou du département ont ainsi été embauchés. Des emplois de complaisance, à rebours de la promesse de David Rachline d'en finir avec le système « des copains » à l'œuvre du temps d'Élie Brun.

Le maire aime aussi choyer ses amis restaurateurs. Le gigantesque projet de Promenade des bains devrait ainsi profiter à « Jean-Louis », pour Jean-Louis Gibert, le gérant du Kazaar, ce grand bar de plage que les cadres lepénistes aiment présenter comme leur deuxième maison. Selon les plans, que j'ai pu consulter, le « nouveau Kazaar » serait sur le point d'obtenir, au lieu des 26 mètres de large actuellement, une extension de plage longue de 46 mètres… Pour David Rachline, les restaurateurs sont plus que de simples commerçants. Ainsi, Jean-Louis Gibert ou Arnaud Le Forestier, le patron du Public House, sont devenus des intimes, et hébergent aussi souvent ses soirées que sa solitude et ses secrets. Qu'importe si les établissements des uns et des autres prennent régulièrement feu dans des incendies aussi dévastateurs qu'inexpliqués, sur lesquels plane le doute d'une fraude à l'assurance (le Kazaar et la Tortù en 2018, celui de Farshad Forouzandeh à Cogolin en 2016). Le maire de Fréjus privilégie la fidélité à la probité. Et il n'est pas avare. Depuis des années, il confie par exemple à Arnaud Le Forestier, « son frère », selon ses mots, l'organisation du Summer Vibes Festival, un concert géant pensé pour dynamiser sa ville en été, où se succèdent des DJ connus et d'autres moins. Arnaud Le Forestier y écoule alors des litres de boissons. Il gère aussi la buvette de toutes les manifestations estivales au sein des arènes de Fréjus. Une manne financière bienvenue pour celui qui roule en Ferrari mais connaît régulièrement des difficultés dans ses affaires. L'opposition s'est émue d'un marché qui lui a été offert sans délégation de service public ni appel d'offres, et donc sans délibération ni information au conseil municipal. L'ami fidèle se voit aussi nommé prestataire privilégié de la mairie, qu'il s'agisse d'organiser des événements municipaux dans son établissement, ou de fournir les boissons lorsqu'une réception est organisée, à la villa Aurélienne par exemple. Une façon de le remercier, selon plusieurs sources, d'avoir pris la tête de Cap Hermès depuis 2022, une association de commerçants de Fréjus façonnée de toutes pièces par le maire. Quoi de mieux, pour tuer toute contestation possible, que de placer « un frère » à la tête de cette structure ?

Se servir, et servir les amis d'abord. Certains adjoints de David Rachline ont rapidement adopté les mêmes pratiques que le maire. Brigitte Lancine, l'adjointe chargée de l'attribution des logements sociaux, par exemple. À la mairie, certains la surnomment « la hyène » ou « la SS » en raison de son racisme et de sa xénophobie, qui serait selon eux décomplexée. Plusieurs salariés de la mairie nous ont détaillé sa méthode de sélection pour les logements sociaux. « Les bougnoules » – elle utiliserait ce mot – sont mis dans des logements sociaux de seconde catégorie, regroupés selon leurs origines maghrébines. Quand elle souhaite en revanche faire passer un dossier privilégié, l'élue s'adresserait directement au bailleur social, auquel elle rendrait parfois visite chargée de bouteilles de vin, pour lui demander de faire passer tel ou tel dossier. Les encartés à l'extrême droite sont particulièrement avantagés à ce petit jeu. L'opposition s'était émue, en décembre 2019, que deux militants RN du Nord de la France obtiennent un appartement quelques semaines après leur arrivée dans le département. Un autre couple de militants, Frédéric Cazala et Danielle Subtil, conseillers municipaux RN dans la ville voisine de Puget-sur-Argens, ont eux aussi obtenu un logement social neuf, à Fréjus, avant que le premier, artisan plombier de profession, ne soit élu sur la liste de David Rachline, en 2020.

Certains élus, ou leur famille, disposent aussi de baux municipaux avantageux. C'est le cas de Christophe Chiocca, l'adjoint chargé du tourisme, qui cumule pourtant son indemnité avec celle de conseiller départemental (au total 4 600 euros brut par mois en 2021), mais n'a déménagé que récemment de l'appartement à loyer modéré qu'occupait sa mère depuis 1965. Ou de Thierry Sarrauton, qui bénéficiait déjà d'un logement social avant son élection comme adjoint au maire, en 2020, mais qui a ensuite pu déménager dans un appartement neuf à loyer modéré. Et que dire de la propre fille de Brigitte Lancine, gérante d'un salon de coiffure, qui a obtenu l'un des logements sociaux les plus rares du secteur, une maisonnette individuelle dans le quartier de la Tour de Mare ? Une situation d'autant plus choquante que la commune connaît une pénurie de logements sociaux, ces derniers ne représentant que 12 % des résidences principales en 2019, largement en deçà du seuil imposé par la loi (25 %) malgré un rattrapage en cours.

Les dérives prennent parfois un tour plus grave. En mars 2021, Sandrine Piou Verot, la responsable du service commerces de la Ville, alerte sa direction dans un message. Philippe Lottiaux, le bras droit du maire, est en copie. Elle dénonce les agissements de Thierry Sarrauton, adjoint aux affaires juridiques. « Monsieur SARRAUTON [*sic*] a rédigé à plusieurs reprises pour les commerçants ambulants des actes de cessions de fonds de commerce. Les actes sont remplis d'erreurs de forme et de contenu. Son nom n'apparaît pas dans les actes, mais les commerçants parlent beaucoup, et les syndicats professionnels sont au courant qu'il touche 200 euros pour ce service. [...] N'y a-t-il pas conflit d'intérêt ? » demande-t-elle, faussement naïve. Un adjoint au maire, chargé des affaires juridiques, qui se fait payer par des commerçants pour rédiger des actes juridiques, en toute illégalité... La situation ne cessera qu'en 2022, avec la démission de l'intéressé, accusé par ailleurs de harcèlement au sein de la mairie.

David Rachline sait se montrer tolérant. Patrick Renard, adjoint à la sécurité, désormais en charge des quartiers de Fréjus Centre et de Port-Fréjus, en est la preuve. Régulièrement accusé en interne de dérapages racistes, il est rarement sanctionné. Un jour où la discussion porte sur les éclairages de Noël dans une artère anciennement nommée « rue de la juiverie », il s'esclaffe, devant témoins : « Il faudrait y mettre des fours ! » Des propos rapportés à David Rachline par une adjointe, choquée. « Il est un peu excessif, je vais le calmer », promet alors le maire, sans que la situation ne cesse en rien. Il faut que ses sorties de route finissent dans les mains de l'opposition et de la justice pour que l'édile se décide à agir. Car, sur Facebook aussi, Patrick Renard se lâche, propageant la théorie raciste du grand remplacement, se moquant des réfugiés africains... Le 14 février 2021, l'adjoint commente sur son compte une campagne publicitaire de la Sécurité routière. « Nouvelle PUB du gvt pour la sécurité routière, un couple mixte un noir une blanche qui font l amour trop c est trop » (*sic*). Des emoji « caca » renforcent son sentiment de dégoût. En cause, une publicité montrant un couple dans un lit, avec ce message : « La vie est plus forte qu'un dernier verre avant de prendre la route. Sur la route, n'oublions jamais ce qui compte vraiment. » L'écho – médiatique et politique – est tel que David Rachline est contraint de lui retirer ses délégations, en février 2021. Une charge qui lui sera restituée dès le mois de juillet, une fois les élections départementales et régionales passées. « On l'a réintégré car c'était un très bon adjoint. Il a été puni, David lui a fait la leçon. Il est maladroit, pas raciste », le défend la députée Julie Lechanteux, pour laquelle exprimer son dégoût de voir un homme noir avec une femme blanche ne constitue pas, donc, un propos raciste. Le procès, maintes fois repoussé, n'a pas encore pu se tenir, à l'heure où je termine cette enquête[1].

Faut-il s'en étonner ? À Fréjus, le racisme ruisselle – le mot est à la mode – de la direction jusqu'à certains salariés, au langage très libéré. Quand le maire se retrouve confronté à un problème, comme

1. Interrogé, Patrick Renard refuse de me répondre, se contentant de préciser que « le caractère raciste n'a pas été prouvé » au sujet de ses propos en ligne, dans l'attente de son jugement.

l'impossibilité de produire un arrêté le dimanche, il s'interroge dans une boucle WhatsApp privée : « C'est affligeant. Il faut un DGA de permanence pendant les week-ends. On va mettre ça en route la semaine prochaine. On se croirait au Burundi. » Avant les conseils municipaux, les réunions qui rassemblent les conseillers, le matin, se tiennent dans une ambiance particulièrement débridée. « On est entre nous », lance généralement Rachline pour débuter, signifiant ainsi que tout type de vocabulaire est autorisé. Une ancienne adjointe se souvient encore d'avoir entendu, sous couvert d'humour ou d'humeur, parler de « crouilles » pour désigner les Maghrébins et de « niakoués » pour évoquer les Asiatiques.

10

PÉTANQUE, SURVÊT' ET GROS SOUS

Tous ceux qui ont déjà participé à l'élaboration d'un budget municipal le savent. Pour une ville, la politique sportive représente un enjeu fort, et un poste de dépense des plus conséquents. Fréjus n'échappe pas à la règle. Dans cette ville de 53 000 habitants, l'AMSLF, l'Association multisports et loisirs de Fréjus, représente un mastodonte incontournable. Plus grosse association sportive du territoire, 4 300 licenciés, une vingtaine de disciplines, 400 bénévoles… L'institution, installée depuis trente ans à Fréjus, représente aussi la première association en termes de subventions : 900 000 euros par an environ de la mairie, sans compter le prêt des salles, le personnel mis à disposition… soit un budget annuel de 3 millions d'euros. Jusqu'en 2020, l'AMSLF était réputée pour sa gestion relativement saine, saluée par la chambre régionale des comptes dans un rapport publié en 2021. Aujourd'hui, le changement de décor est radical.

Fin 2020, le président de la structure, Hervé de Serna, est débarqué au terme d'une crise violente.

L'homme avait pourtant été réélu haut la main quelques semaines plus tôt, pour un mandat de trois ans, fort d'un bon bilan après six ans à la présidence de l'association, dont il avait redressé les comptes. « Je te demande de ne pas te représenter », lui intime l'adjoint au sport, Patrick Perona, sur ordre de David Rachline. Ses compétences ne sont pas remises en cause, mais le poste est réservé à un autre, lui explique-t-on en substance. Fabien Sgarra, en l'occurrence, directeur général du club de football l'Étoile Fréjus-Saint-Raphaël. Un homme d'Alexandre Barbero donc. Candidat contre Hervé de Serna pour la présidence de l'association, il n'a obtenu que 8 voix contre 23. Qu'importe. David Rachline a promis de trouver un point de chute à ce proche de Marcel Sabbah, dont Alexandre Barbero ne veut plus au club. Mais comment contraindre de Serna à partir ?

Les coups de pression se multiplient. Sa directrice et sa secrétaire, mises à disposition par la mairie, sont rappelées dans les services, rendant impossible le travail du président, désormais seul. L'adjoint au sport Patrick Perona le menace de lui couper les subventions, pourtant votées dans le budget. La perspective de la création d'une structure annexe est aussi évoquée pour vider de sa substance l'AMSLF. Au point qu'Hervé de Serna finit par solliciter un rendez-vous direct avec le maire. « C'est mon argent, je fais ce que je veux », lui répond David Rachline, selon le récit que l'intéressé livre à ses proches. Ni la démission du président de la Fédération d'athlétisme, ni la pétition de soutien forte de six cents signatures de membres de l'AMSLF ne font bouger le maire.

De Serna finit par lâcher, laissant Fabien Sgarra s'installer à sa place, en décembre 2020. Le partant laisse dans les caisses un reliquat de 500 000 euros. Mais, entre 2021 et 2022, l'association enregistre une perte de 723 000 euros, malgré un budget en augmentation de 435 000 euros. Une rallonge décidée en urgence pour éviter l'interdit bancaire, qui n'a pas empêché certaines factures de s'accumuler sur le bureau, dans l'attente d'un règlement…

Comment expliquer un tel naufrage ? Depuis le changement de présidence, plusieurs proches de Marcel Sabbah et de David Rachline ont été recrutés, lestant le budget de l'association. L'équipe passe de deux à sept agents pour gérer l'administratif, portant la masse salariale à presque 90 000 euros par mois. Des salariés dont les pratiques rappellent celles du maire, confondant parfois le bien commun avec leur propriété privée. Les trois voitures de service de l'AMSLF – deux Nissan Juke et une Nissan Micra –, par exemple, sont utilisées par la direction comme des voitures personnelles, de fonction, en dépit du règlement qui limite leur utilisation aux heures de service. Il arrivait ainsi à l'ancien directeur des ressources humaines de partir, selon plusieurs témoins, en vacances avec le véhicule, avant son départ à la retraite. Sur les photos transmises par des salariés de la mairie, on aperçoit même son coffre de toit installé sur la voiture, prêt pour un départ à la montagne. À son retour, plusieurs salariés constatent, médusés, la présence de skis.

Dans ce contexte, plusieurs dépenses interpellent. Les travaux sur le site de la base nature, notamment, lancés à peine la nouvelle direction installée, afin de moderniser des locaux pourtant déjà confortables. Le montant des cotisations des adhérents, lui, a été diminué de presque la moitié. Mais ce sont surtout les achats d'articles de sport qui semblent totalement dispendieux : des commandes faramineuses, sans appel d'offres. Des survêtements bleus en polyester *made in Pakistan*, des pantalons, des vestes à écusson Fréjus par milliers... Les licenciés du ping-pong ont même récupéré une tenue spéciale. Sur la facture que j'ai obtenue, je note que quatre mille sacs à dos ont été achetés pour 72 960 euros, soit plus de 18 euros l'article. Tous les jours, des cartons de la marque Eldera arrivent dans les locaux de l'AMSLF, adressés directement au nouveau président, Fabien Sgarra. Une PME familiale, installée dans la Drôme. L'entreprise fournit aussi depuis longtemps la PPF, l'association Passion pétanque française, dont Fabien Sgarra est aujourd'hui encore secrétaire général... Sur les réseaux, Eldera est présentée comme le « partenaire privilégié » de l'association, au point de souhaiter un bon anniversaire au fils du patron sur Facebook. Son revendeur local est aussi partenaire du club de l'Étoile.

Officiellement, les vêtements et accessoires achetés par l'AMSLF sont distribués aux adhérents du club, ou destinés à la vente. Mais il faudrait un miracle pour qu'un client s'arrête sur le vieux mannequin cassé, qui semble abandonné dans un angle derrière une porte au local de l'association. Une partie des survêtements a bien été distribuée aux adhérents, mais une autre, conséquente, semble n'être destinée à personne. Plusieurs salariés de la mairie m'ont affirmé avoir aperçu Fabien Sgarra charger les cartons de la marque directement dans son véhicule, sans raison apparente. De quoi alimenter le parfum de mystère autour de cet homme, dont personne ne sait exactement de quoi il vit (l'homme se présente, en privé, comme « apporteur d'affaires ») et qui revendique des entreprises dans la région grenobloise, dont plusieurs McDonald's, introuvables malgré mes recherches. Une chose est certaine : en octobre 2021, Fabien Sgarra est devenu conseiller municipal de Fréjus[1].

Son mode de gestion a été dénoncé, en interne, par le trésorier, Gérard Froussart, par ailleurs président

1. Fabien Sgarra n'a jamais répondu à ma demande d'entretien.

de la section de basket jusqu'au début de 2023. En janvier 2023, l'homme s'émeut de la situation dans une lettre de démission à en-tête officiel, qu'il menace de rendre publique, adressée à « Fabien » Sgarra, le président. Dans ce courrier, que je me suis procuré, ce passionné de ballon orange dénonce pêle-mêle « le quoi qu'il en coûte en vogue » et « le manque de transparence » au sein de l'association. Le trésorier reproche aussi au président de n'avoir « présenté aucun chiffre » devant le conseil d'administration, « alors qu'en ce qui me concerne, je considère l'AMSLF en difficulté financière ». Une fronde interne qui n'a pas empêché la réélection du président, lors de l'assemblée générale du 30 juin, dans une ambiance électrique. « Je n'ai jamais vu quelqu'un se battre comme lui pour garder une fonction bénévole », souligne un participant à l'AG. Heureux hasard, le commissaire aux comptes n'avait « pas eu le temps de signer » le rapport financier. Les questions pécuniaires n'ont pas été débattues et, à l'heure où j'écris ces lignes, il est toujours impossible de se procurer le procès-verbal de l'association.

Qu'en pense le maire ? Officiellement, aucune directive n'émane de la part de David Rachline. Interrogé sur « la Bérézina financière » de l'association en conseil municipal, en février 2023, l'édile laisse son adjoint au sport répondre et balayer les arguments de l'opposition un par un. Selon la mairie, l'augmentation des dépenses est avant tout liée à celle du nombre d'adhérents, qui nécessite un taux d'encadrement supérieur. « Le bilan financier de l'association est positif », jure David Rachline, contre toute évidence. Fin août 2023, pourtant, des salariés se demandaient encore avec inquiétude s'ils allaient pouvoir toucher leur salaire à leur retour de congés. Depuis le départ du trésorier, leur paie, historiquement versée en fin de mois, ne tombe jamais à la même date, et connaît de nombreux retards.

11

ELLE COURT, ELLE COURT, LA DETTE

Ce n'est pas la première fois que David Rachline s'arrange avec une réalité peu flatteuse. Quand le maire ne peut éviter les questions dérangeantes, il n'a pas de mal à emprunter à Donald Trump son concept de « post-vérité ». L'effigie de l'ancien président américain trône d'ailleurs sur son bureau, collée sur un corps de canard jaune en plastique. En clair, David Rachline ment. Une technique utile, quand il est par exemple question de justifier ses propres dépenses.

Alors que le frontiste avait supprimé, au lendemain de son élection, en 2014, les frais de représentation à l'usage du maire, il les a réintroduits, six ans plus tard, lors du premier conseil municipal de 2020. Une enveloppe de 800 euros par mois, 60 000 euros sur la durée du mandat. Je l'interroge à ce sujet, en janvier 2023 :

« Pourquoi avoir augmenté de 800 euros les frais de représentation ?

– Parce que j'en ai le droit, d'abord. Je les ai supprimés puis remis. J'étais sénateur, je n'avais pas besoin de ces frais.

– Mais vous les avez supprimés avant d'être élu sénateur ?

– Je savais que j'allais être élu », rétorque Rachline, bravache.

Premier mensonge. Lorsqu'il supprime son indemnité, en avril 2014, personne ne pouvait prédire, y compris le maire de Fréjus, qu'il allait l'emporter, cinq mois plus tard aux élections sénatoriales, une première là aussi dans l'histoire de la Ve République. S'il renonce à son enveloppe, c'est pour tenir sa promesse de réduire les dépenses de la ville, en se montrant exemplaire. Deuxième mensonge, quelques secondes plus tard, lorsqu'il ajoute : « C'est la première fois qu'on me parle de cette enveloppe. Je rappelle qu'elle est votée par le conseil municipal. » Une rapide recherche dans les procès-verbaux de 2020 me prouve pourtant facilement qu'à l'époque déjà l'opposition s'était émue de cette subvention. Des critiques également relayées dans *Var-Matin*, le lendemain du vote.

Les Fréjusiens sont les seules victimes de cette course aux dépenses, condamnés à rembourser tôt ou tard une dette dont l'origine est la gestion coupable d'une municipalité négligente. Durant le premier mandat, David Rachline avait pourtant donné le sentiment qu'il empruntait une voie raisonnable, celle d'un redressement actif des finances de la ville, après des années de gabegie financière. La chambre régionale des comptes a d'ailleurs d'abord salué ce début de reprise en main, et le passage de 144 millions d'euros d'endettement en 2014 à 128 millions, en 2018. Une politique rendue possible par la vente effrénée de terrains municipaux à des promoteurs pour une cinquantaine de millions d'euros. Des promoteurs, qui, on l'a vu, font ensuite régulièrement appel à l'architecte Jean-Pascal Clément pour les plans, à Alexandre Barbero pour le béton, les routes et les canalisations, venant à leur tour enrichir un circuit où tournent toujours les mêmes entreprises… Manœuvres qui ont le mérite de faire baisser, à court terme, l'endettement municipal.

Mais, depuis 2020, malgré la poursuite des ventes de terrains, la courbe s'est inversée. Depuis la réélection de David Rachline, Fréjus se réendette tous les ans un peu plus. Une nécessité, selon l'édile, « pour faire tourner la machine économique ». Était-il nécessaire de changer, de façon non réversible, le sens de circulation du centre-ville, pour près de 1 million d'euros ? La promesse de redynamiser le cœur historique de la cité semble, elle, rester pour l'heure lettre morte, malgré de coûteux aménagements.

Aujourd'hui, la Ville enregistre une dette de 151 millions d'euros (139 millions d'euros pour la commune, auxquels il faut ajouter les 12 millions de dettes du pôle enfance). Pour l'année en cours, un nouveau prêt de 10 millions d'euros a été souscrit, pour une prévision de désendettement de seulement 4 millions d'euros. Une politique résumée dans une formule par l'opposant Emmanuel Bonnemain. « La bonne gestion de M. Rachline c'est : “Je vends du terrain communal comme je peux, et je réemprunte à vingt ans pour que ça ne se voit *[sic]* pas. En attendant, j'arrose les associations pour 5 millions d'euros et je fais des travaux complètement délirants…” » Quant à David Rachline, s'il concède « un endettement à la même hauteur que celui lorsqu'['il] récupère la ville » (en réalité, davantage), le maire dit « assumer » le fait de réemprunter pour réinvestir, mettant en avant « un mauvais » endettement dans le passé et « un bon » endettement sous sa gouvernance… Une lecture singulière quand on sait que la vente du patrimoine communal ne s'inscrit pas dans une gestion saine participant au désendettement de la Ville, mais sert à couvrir des dépenses de fonctionnement d'une part et à enrichir un clan tout-puissant de l'autre.

12

SALUTS NAZIS ET GUD CONNEXION

Julien Jouniaux ressemble à David Rachline. Même calvitie et rares cheveux bruns, même carrure, quoiqu'un peu plus grand, même âge et contrôle dans la voix. À l'hôtel de ville, le chef de cabinet du maire arpente les lieux en propriétaire. L'ancien surveillant de prison, « souverainiste » et « nationaliste » revendiqué, bombardé à ce poste stratégique à son arrivée, dès 2014, est l'un des plus proches amis de David Rachline, parmi les artisans de sa campagne victorieuse cette année-là. Les deux militants se sont rencontrés à une réunion de la section locale du FN, en 2010 : le coup de foudre amical a été immédiat, sur fond de valeurs communes. Qu'importe que l'ex-maton de la maison d'arrêt de Nanterre (Hauts-de-Seine) n'ait aucune idée, lors de sa prise de poste, à 29 ans, du nombre d'employés municipaux de la Ville, ni aucun diplôme, hormis un bac STT, comme son patron. L'homme est un fidèle parmi les fidèles.

Avec David Rachline, ils partagent également le même humour venu des profondeurs de l'extrême droite. Devant son bureau, il frappe, ouvre la porte, et claque les talons au sol.

« Heil !

– Hitler ! » lui répond le maire de Fréjus, invariablement mort de rire face à son collaborateur.

Le numéro se répète régulièrement, selon plusieurs témoignages, quand les deux amis se trouvent en petit comité. Parfois, lorsqu'un tiers est présent, l'élu fait les gros yeux à son collaborateur pour lui intimer de se retenir. Depuis que le journal *Le Point* a publié une vidéo embarrassante, quelques jours après son élection, David Rachline choisit ses moments pour faire de l'humour. La scène avait été filmée sur le trajet du retour de la manifestation du 1er mai 2012, grand-messe traditionnelle du Front national. David Rachline, assis à l'arrière d'une Mercedes, y discute avec son chauffeur, un crâne rasé habillé du traditionnel polo Fred Perry – l'uniforme de l'extrême droite radicale. Lorsque ce dernier dresse la main dans un salut nazi en évoquant « Mercedes, la voiture du Führer », Rachline, hilare, reprend, avec un accent guttural : « La voiture du Führer ! »

La fuite a mis à mal sa stratégie de dédiabolisation, et l'a convaincu de redoubler de prudence. Désormais, le maire garde ses saluts nazis et ses cris pour son domicile, ou l'intérieur de sa voiture. Passé un certain niveau d'ébriété, le jeu reviendrait régulièrement avec Julien Jouniaux, ou son ami d'enfance Julien Laszkiewicz. L'ancien *spin doctor* de Jordan

Bardella Pascal Humeau a été témoin de cet humour douteux lors de multiples soirées passées en compagnie de l'édile. Entre 2020 et 2022, cet ex-journaliste, Toulonnais de cœur, loupe rarement une soirée varoise. Il est désormais en rupture avec le parti, auquel il a cessé de facturer ses services. « Tous ceux qui sortent trois ou quatre fois avec lui connaissent ses propos racistes. Personnellement, je n'ai jamais entendu quelqu'un d'aussi antisémite, c'est hallucinant, ça confine à la pathologie. En public, il est discret, plutôt timide. Dès que le cercle se restreint et que l'alcool aide, la parole se libère… »

Lorsque j'interroge David Rachline à ce sujet, le 4 janvier 2023, le maire semble pour la première fois manquer de repartie. Je demande :

« On me dit que, souvent, vous lancez des saluts nazis en soirée. Julien Jouniaux avait l'habitude de vous lancer là-dessus. »

Silence de quelques secondes. David Rachline, inquiet :

« Que voulez-vous que…

– Je ne sais pas, ça peut être une blague de très mauvais goût… »

Silence, encore. Puis, avec inquiétude :

« … Vous avez quoi ? On vous a donné une photo, une vidéo ?

– Je vous demande si vous avez une explication.

Ça peut peut-être s'expliquer par une soirée qui dérape ?

– Montrez-moi une vidéo, une photo. »

Cinq témoins différents m'ont évoqué, avec constance et détails, ces soirées radicales. « Je n'ai que du bien à dire du maire, écrivez que David Rachline est un homme extraordinaire », répond de son côté au téléphone Julien Jouniaux, refusant toute interview. S'il a quitté la mairie, en juin 2021, en raison de conflits avec plusieurs collègues, il reste un fidèle parmi les fidèles.

Les soutiens de David Rachline jurent que l'élu serait moins radical qu'à ses débuts, adouci par les années et ses presque deux mandats à la tête de la ville. Lui aime mettre en avant sa première adjointe, Martine Pétrus Benhamou, élue en 2020 lors de son second mandat. Et puis, le maire n'est-il pas lui-même né de père juif ? N'a-t-il pas choisi Marcel Sabbah comme homme de confiance ?

La cartographie de ses amitiés – actuelles et passées – et de ses prises de position raconte une autre histoire. Dans l'entourage du maire de Fréjus, peu de gens sont en mesure d'expliquer son rapport avec le judaïsme. Il cultive en effet des amitiés avec les franges les plus antisémites de l'extrême droite. J'ai pu consulter la retranscription d'un entretien professionnel de sa mère, Dominique Vandra, au cours d'un bilan de compétences, réalisé en avril 2021.

La conseillère municipale chargée des animaux s'épanche auprès d'un supérieur hiérarchique. De son fils, elle dit : « Il y a une ambivalence avec le fait que son père était juif. Il a des problèmes avec ses racines. C'était très difficile à gérer à titre personnel. » Selon la septuagénaire, l'origine de l'engagement de son garçon serait à chercher dans la disparition du père, ce deuil en pleine crise d'adolescence : « Un engagement par réaction et pas forcément par conviction », affirme-t-elle. Ou comment pleurer la disparition d'un père juif, de gauche et lecteur du *Nouvel Obs* en adhérant au Front national, en s'abonnant au journal catholique traditionaliste *Présent* et en prenant pour modèle Jean-Marie Le Pen, l'homme qui qualifia de « point de détail » de l'Histoire les chambres à gaz hitlériennes.

Chez David Rachline, la famille est une clé de compréhension autant qu'un mystère. Du père disparu, il ne parle jamais. Gare à ceux qui lui collent une religion qui n'est pas la sienne : le maire de Fréjus ne manque pas une occasion de rappeler qu'il n'est pas « juif dans les textes » (la religion se transmet, selon la Torah, par la mère), ni de se définir comme « agnostique et Français avant tout ». Qu'importe si son patronyme est aussi celui d'un des fondateurs de la Ligue internationale contre le racisme et l'antisémitisme (LICRA) – une similitude, sans lien de parenté, qui fera longtemps hurler de rire Jean-Marie

Le Pen. À la maison, David Rachline ne parle pas de Dieu, ne fait pas sa bar-mitsvah ; il n'est pas non plus circoncis. S'il devait choisir une religion, ce serait plutôt le catholicisme, proche de ses convictions identitaires, jure-t-il en 2011 à une journaliste de Rue89. Devenu maire, il fréquente avec régularité les églises, participe aux différentes processions catholiques, quand il ne déjeune pas avec les responsables locaux de l'Église, comme le très traditionaliste Monseigneur Rey. Mais comment peut-on affirmer sérieusement « ne pas savoir si ses grands-parents ont été déportés », et ne pas s'en inquiéter ? Sur un marché, un jour, un habitant évoque Israël : « C'est chez vous, là-bas. » Réponse courroucée du maire : « Mais je n'ai rien à voir avec ça ! »

Les références de David Rachline s'appellent Charles Maurras, le théoricien de l'antisémitisme d'État, dont il aime à citer certains passages, ou Alain Soral, qu'il admirait avec ferveur, à ses débuts. Il côtoie l'essayiste antisémite lors de son passage au Front national, entre 2007 et 2009, et compte parmi ses premiers soutiens, à la manœuvre pour officialiser son rapprochement avec le parti. En 2008, le Varois invite le fondateur d'Égalité et Réconciliation à le soutenir lors de sa première campagne pour les municipales à Fréjus. Les deux hommes resteront en contact bien après le départ de Soral de l'entourage de Marine Le Pen, l'élu FN continuant d'envoyer, en 2013, des commentaires louangeurs à son ancien mentor sur Facebook. « La critique du libéralisme d'Alain Soral me plaît », affirme-t-il à l'époque.

Pour comprendre David Rachline, il faut se plonger dans un livre d'entretiens réalisés avec l'un de ses premiers mentors, Christian Bouchet, figure des milieux nationalistes-révolutionnaires. Un ancien du FN, du Mouvement national républicain de Bruno Mégret, puis d'Unité radicale (groupuscule dissous après l'attentat d'un de ses membres, Maxime Brunerie, contre Jacques Chirac, en 2002). En 2008, Bouchet publie un livre, *Jeunes nationalistes d'aujourd'hui* (Éditions Déterna). Le sixième chapitre est consacré au futur maire de Fréjus, à son parcours et à ses convictions. David Rachline y chante les louanges d'Alain Soral, « un élément actif de la modernisation et de la rénovation du Front national. Il a toute sa place, me semble-t-il, dans nos rangs et apporte une vision nouvelle des problèmes mondiaux et nationaux, en particulier relatifs à la mondialisation et aux méfaits du libéralisme idéologique. Il est écrivain et sociologue, et apporte évidemment un souffle nouveau et intéressant ». Plus que de l'amitié, c'est de l'admiration qu'éprouve le jeune homme pour son aîné, dont il savoure les vidéos publiées sur Internet. Au cours de cette conversation, il loue également le « dialogue » avec Dieudonné MBala MBala, déjà condamné à l'époque par la justice pour des propos antisémites (un an plus tard, l'ancien humoriste fera de Jean-Marie Le Pen le parrain de sa fille).

Un autre de ses mentors s'appelle Frédéric Chatillon, ancien patron du GUD, le Groupe union défense, un syndicat étudiant radical et violent. Un ami, lui aussi, d'Alain Soral et de Dieudonné, qu'il emmènera en voyage en Syrie à plusieurs reprises entre 2006 et 2012 – Chatillon est un soutien du régime de Bachar al-Assad. Officiellement retiré de la politique depuis sa condamnation pour escroquerie et abus de bien sociaux dans le cadre de la campagne présidentielle de Marine Le Pen, en 2017, l'homme incarne toujours, avec ses cheveux tirés en arrière, son sourire carnassier, et sa carrure imposante, une figure tutélaire de la mouvance nationaliste, indétrônable à l'extrême droite. Le fondateur de la société de communication politique Riwal demeure par ailleurs l'un des principaux prestataires du Rassemblement national.

David Rachline ne fait pas partie de ceux que les affaires judiciaires auront convaincus de prendre de la distance avec l'entrepreneur sulfureux. Le maire de Fréjus partage avec l'homme d'affaires le même amour de la boisson, le même sens de l'« humour » IIIe Reich et la même passion pour les répliques de Michel Audiard, le dialoguiste des *Tontons flingueurs*, célèbre « anar de droite ». Il n'est pas choqué par ses références incessantes aux dauphins, ces mammifères marins que Chatillon ne cesse de mentionner sur les réseaux sociaux. L'animal désigne, dans les franges les plus radicales, « tonton Dolphi », c'est-à-dire Adolf Hitler. L'antisémitisme de la troupe des « gudards », teinté de folklore nazi, ne gêne pas le maire de Fréjus. Ni les mini-saluts nazis que les hommes du groupe aiment réaliser, en levant discrètement la main au niveau de leur ceinture, lorsqu'ils se retrouvent. Des habitudes que les journalistes Marine Turchi et Mathias Destal ont formidablement documentées dans le livre *« Marine est au courant de tout... » Argent secret, financements, hommes de l'ombre* (Flammarion, 2017). En 2009, les membres du groupe plaisantaient encore sur le jour du suicide d'Adolf Hitler, s'épanchant sur une « triste journée » et le « manque » depuis sa disparition. En 2013, Axel Loustau, l'associé historique de Frédéric Chatillon, ironisait, sous pseudo, sur les « six millions de Franciliens inquiétés par le gaz », en référence au nombre de juifs décédés pendant l'Holocauste. Il a fêté ses 40 ans sur une péniche, le bras droit tendu bien haut, sous les yeux de son ami Frédéric Chatillon.

« C'est un ami. Je suis fidèle. Je n'épouse pas nécessairement l'intégralité de ses idées », me confiait le maire de Fréjus, en janvier 2023, au sujet de Chatillon, exilé à Rome. Avec une poignée d'autres membres du groupe – Axel Loustau, l'ancien comptable de Marine Le Pen, Nicolas Crochet, et le député européen Jean-Lin Lacapelle – David Rachline a fait partie des rares membres du RN invités à participer au fastueux mariage du prestataire, en juillet 2021, au cœur de la capitale italienne, dans les jardins luxuriants de la villa Piccolomini, d'où l'on aperçoit le dôme de la basilique Saint-Pierre. Lors de la noce, le maire de Fréjus a pris garde de n'apparaître sur aucune photo. Sa proche amie Magalie Bury, elle, a pris la pose en compagnie de certaines des filles du marié. Ce n'était ni la première visite romaine du Varois, ni la dernière. David Rachline adore la capitale italienne. L'entrepreneur Farshad Forouzandeh et son épouse l'y accompagnent régulièrement. La dernière fois, c'était en février 2023. Là-bas, David Rachline retrouve tout ce que compte la « faf connexion » expatriée. Rome constitue depuis longtemps un pèlerinage obligé pour l'extrême droite française, qui boit des spritz au bar du Carré Monti, prend la pose devant le Palazzo della Civiltà del Lavoro (l'un des bâtiments les plus emblématiques de l'architecture rationaliste mussolinienne), ou mange un morceau au Cutty Sark, le restaurant préféré des militants de CasaPound, le parti néofasciste installé à Rome.

Les amis aiment aussi se retrouver sur la Côte d'Azur, pour des journées alcoolisées qui peuvent se prolonger jusqu'au lendemain. Le 21 juin 2022, Rachline et Chatillon se prélassent sur un bateau dans le golfe de Saint-Tropez en compagnie de Jean-Lin Lacapelle, lui aussi fidèle compagnon de route des « gudards ». Le vice-président du RN se repose, allongé sur une banquette blanche, lunettes aviateur relevées sur le crâne. Entre lui et Lacapelle, deux jeunes femmes, elles aussi en maillot de bain. « Bonne nuit les petits », publie sur Instagram Frédéric Chatillon. Deux jours plus tard, les amis se retrouvent sur la plage de la Tortù, à Saint-Raphaël, dans l'établissement propriété d'Alexandre Barbero. Cigare pour l'un, clopes pour l'autre, rosé pour tout le monde.

Une amitié qui se traduit parfois par des échanges de services financiers. Lors de la campagne pour les législatives de 2012, David Rachline est salarié par Riwal comme coordinateur numérique, pour une prestation douteuse, aux yeux de la justice, rémunérée 5 757 euros, qui a valu une condamnation au FN pour recel d'abus de biens sociaux. Lorsqu'il devient maire de Fréjus, le frontiste emploie à son tour un membre régulier de la bande des « gudards », le Franco-Vietnamien Minh Tran Long, un ancien militant d'un groupuscule néonazi (Fédération d'action nationale et européenne, dissoute en 1980, dont la vocation était de défendre la « race blanche »). Entre 2014 et 2016, ce dernier officie comme prestataire de la mairie à travers sa SAS « La Patrouille de l'événement ». Parmi ses faits d'armes, l'invitation à se produire, dans les arènes de Fréjus, en 2015, du groupe identitaire et « antisioniste » In Memoriam, proche du GUD et de CasaPound. Ce jour-là, tout le FN du Var se presse aux arènes, à l'invitation du maire, pour écouter le groupe chanter « C9Mai ». Une chanson écrite en hommage au militant nationaliste Sébastien Deyzeu, décédé en marge d'une manifestation du GUD et des jeunesses nationalistes révolutionnaires, le 7 mai 1994. « Les forces de l'ordre nous ont encerclés. / C'est dans l'immeuble qu'elles ont investi / que Seb a paniqué puis s'est enfui [...]. / Mais ces chiens enragés n'ont pas voulu le lâcher / car il était la plus belle proie de leur journée. / Le comité du 9 Mai ne t'oubliera pas / 7 mai, 7 mai de vie à trépas ! » hurlent les membres du groupe.

Fin 2017, David Rachline accorde un long entretien à la revue d'extrême droite *Réfléchir et Agir*, « un journal où l'antisémitisme et la radicalité affleurent à toutes les pages », selon le politologue Jean-Yves Camus, spécialiste de l'extrême droite. Le maire y dialogue sur son parcours, les ambitions du FN pour les prochaines élections, son bilan municipal... Un peu plus loin, sous une autre plume, la Shoah est qualifiée de « religion », de « thèse » ou de « croyance ». La revue, notoirement connue pour son antisionisme dans le milieu nationaliste, a fait du révisionnisme et de la haine des juifs son fonds de commerce. Pas assez, manifestement, pour déranger David Rachline. Après coup, l'homme politique a assuré regretter son choix de s'exprimer dans ce journal. Mais peut-on vraiment le croire ?

13

LA POLICE MUNICIPALE, LES COW-BOYS DE FRÉJUS

En fond sonore, roulements de tambour, musique haletante, rythme saccadé. Le visage fermé d'un policier en uniforme, cheveux courts et peau hâlée, s'affiche sur l'écran de télévision. La voix mécanique et grave des reportages d'« Enquête sous haute tension », sur C8, scande : « Teddy, 46 ans, surnommé "le Soldat". C'est un ancien des forces spéciales. » À l'écran, en ce mois de février 2021, la silhouette massive s'anime, pique un sprint sur un parking, puis pousse un homme à terre, au milieu d'un passage clouté. « Tu me menaces ? Tu me menaces, toi ? » hurle le fonctionnaire de police. Le montage est rapide, les plans s'enchaînent, la musique tourne toujours à plein régime. « Il faut leur rappeler qui [*sic*] est l'autorité. L'autorité, c'est nous ! » clame « le Soldat » face à la caméra, de retour dans son véhicule blanc et bleu. Le documentaire continue, et les présentations aussi, façon *Feux de l'amour* version police texane. Voici « Jimmy, 41 ans », nous raconte la voix off. « À cause de son rire, il est surnommé "le Joker", comme dans Batman. C'est le maître-chien du groupe. » « Arrête-toi, arrête-toi sinon je lâche le chien ! » vocifère le membre de la brigade canine. Puis c'est au tour de « Franck, 43 ans, dit "le Bâtard" », et son physique de *biker*, grosse barbe et regard noir, d'apparaître à l'écran.

Les images ne sont pas issues d'un clip de rap, ni d'une parodie des Inconnus, encore moins d'une vidéo humoristique bricolée avant le départ à la retraite d'un collègue. Bienvenue au cœur de la police municipale de Fréjus, chère à son maire, David Rachline. Soixante-dix agents, deux brigades de nuit, trois brigades mobiles d'intervention (BMI), une brigade motorisée, une brigade cynotechnique (les chiens), une brigade environnement (les parcs), sans oublier, l'été, une brigade nautique et une brigade équestre. La fierté du vice-président du Rassemblement national.

L'institution représente l'une des plus précieuses vitrines du maire, qui a fait de l'affichage de sa politique sécuritaire l'un des points cardinaux de son action. À tel point que David Rachline a autorisé, à trois reprises, le tournage de ce genre d'émissions grand public, où une caméra suit plusieurs semaines durant le quotidien des policiers municipaux et livre aux téléspectateurs un récit sensationnaliste de leurs aventures, dans des émissions multidiffusées au cœur de la nuit. Des petits larcins, un vol de mobylette, une course-poursuite avec des ânes en fuite… Et au milieu, des agents qui haussent le ton, souvent au mépris des règles déontologiques. « Tu veux me voir méchant, tu vas me voir méchant ! » hurle un policier sur un sans-abri qu'il venait de jeter au sol, car il tardait à attacher son chien. Mais ce genre d'écart n'est pas de nature à perturber David Rachline, au contraire. « Je tiens ici à souligner l'extrême professionnalisme, le dévouement et l'éthique de nos policiers municipaux, se félicite-t-il, en janvier 2023, lors de ses vœux aux administrés. Outre leurs états de service irréprochables, ils sont régulièrement l'objet de reportages médiatiques intéressés par leurs méthodes et leur efficacité. »

Le maire ne se paie pas que de mots : il est aussi généreux en équipements. À Fréjus, les policiers municipaux sont dotés d'armes à feu (comme 58 % des agents en France, une tendance qui s'accentue sur le terrain, même si de grandes agglomérations, comme Rennes, Nantes ou Bordeaux, refusent toujours d'armer leurs agents), mais aussi de tout l'attirail possible : lanceurs de balles de défense (plus connus sous le nom de *flash-balls*), pistolets à impulsion électrique, matraques télescopiques, gilets pare-balles… Les véhicules – voitures ou motos blanc et bleu rutilantes – sont complétés par 170 caméras de protection du centre de surveillance urbain. « La délinquance gangrène notre pays », répète à l'envi David Rachline pour justifier sa prodigalité. Un argument qui porte dans cette commune où les retraités composent plus du tiers de la population.

Peu importe qu'ici les quartiers « populaires » se résument à une poignée de petits immeubles défraîchis dans le quartier de la Gabelle, et les « violences » à des poubelles brûlées et des caméras de surveillances brisées. David Rachline connaît ses fondamentaux frontistes et n'hésite pas à discourir longuement sur l'ensauvagement des villes, la délinquance et la violence de « hordes » de jeunes qui ne manqueraient pas de s'abattre sur Fréjus en l'absence de réponse appropriée. En réalité, la sécurité représente surtout un enjeu l'été, quand la cité romaine voit sa démographie tripler, passant de 53 000 habitants à environ 150 000, essentiellement amassés dans les nombreux campings de la périphérie.

Pour assurer le calme, le maire s'appuie en priorité sur d'anciens militaires, auxquels il a confié la direction de sa police municipale. Hervé Eygazier, directeur de la sécurité publique depuis 2015, fort d'une longue expérience dans les polices municipales de plusieurs villes, peut mettre en avant un passé de réserviste au 21e RIMa, le régiment d'infanterie de marine. Le sexagénaire aux cheveux gris coupés court et à l'uniforme parfaitement noué se targue d'avoir fait passer, en cinq ans, les interventions de 257 à 800 par an. Dans la presse locale, l'homme aux méthodes fortes loupe rarement une occasion de promouvoir son propre bilan. « Il fallait que la police municipale soit autant crainte qu'appréciée », lance-t-il régulièrement.

Déjà, en poste à Aix-en-Provence entre 2003 et 2011, le directeur de la sécurité publique avait fait de la politique du chiffre sa spécialité, se prévalant de 600 interpellations par an, en 2011 (au lieu de 200 en 2008). Une activité largement remise en cause par un audit interne, la même année, qui précisait que les interpellations liées aux flagrants délits réalisées par la police municipale se situaient autour « d'une vingtaine d'interpellations par an ». L'enquête de 90 pages, accablante, relevait une série d'anomalies et de dysfonctionnements, à commencer par le management. Provocations, insultes, débordements traités en interne, manquements disciplinaires, absence d'organigramme… La maire d'Aix, Maryse Joissains, avait réagi en mettant immédiatement à l'écart Hervé Eygazier, désigné comme l'un des premiers responsables de la déconfiture de la « PM ». L'édile avait même suspendu momentanément les brigades de nuit. « Hervé Eygazier et ses agents avaient l'habitude de boire des coups dans les établissements de nuit pendant leur service, et on ne savait plus s'ils travaillaient pour la mairie ou pour les patrons d'établissement », me confie un responsable aixois au fait du dossier. Les services municipaux de la Ville se souviennent encore de ce chef charismatique mais autoritaire dont l'ascendant sur ses troupes était tel que ses hommes parlaient d'« emprise ».

Rien n'a changé depuis Aix-en-Provence, ou si peu. J'ai contacté plus d'une dizaine d'agents de la police municipale fréjusienne. Certains viennent de changer de ville ; d'autres de service, épuisés par l'ambiance interne. Quelques-uns, enfin, sont toujours en poste. Tous ont requis l'anonymat, conscients de s'affranchir de leur devoir de réserve, mais désireux de dénoncer, une fois pour toutes, les agissements d'un service où une poignée de dirigeants saccagent selon eux le travail de tous les autres. « Tout le monde craint Eygazier, même ses hommes », souffle un policier, qui décrit une « tête brûlée, efficace mais dangereuse ». La réputation de la police de Fréjus dépasse même les frontières de l'agglomération, aussi bien pour le profil de ses agents que pour leur façon de faire régner l'ordre. « Je connais cette PM, et je n'ai pas besoin de cow-boys sous mes ordres », lâche un fonctionnaire municipal chargé de la sécurité d'une ville des Bouches-du-Rhône, qui a refusé d'embaucher un agent fréjusien. Tous ont regardé les épisodes de C8, consternés par l'image que les documentaires renvoient d'une police municipale agressive, qui tutoie les administrés, menace de lâcher les chiens sur des citoyens énervés (une action totalement interdite en l'absence de menace directe sur la vie des agents ou des citoyens), ou frappe des contrevenants à terre.

Loin de se limiter à la circulation ou à des flagrants délits, les hommes de David Rachline aiment intervenir sur des opérations de maintien de l'ordre, comme lorsque les tensions se manifestent dans le quartier de la Gabelle. Des actions dont les agents se vantent ensuite sur les réseaux sociaux, fiers de ne pas « tourner la tête » face à la délinquance, et aimant revendiquer des opérations au même titre que la police nationale. Des interventions souvent à l'initiative de Teddy Mammeri, aujourd'hui à la tête de la brigade de nuit et de celle d'intervention. Lui aussi est un ancien du 21e RIMa. Dans sa maison, l'ancien militaire a fait aménager une pièce entière pour ses décorations et ses médailles, encadrant les photos des opérations extérieures auxquelles il a participé, à Djibouti ou au Liban. « Je n'ai pas attendu d'être dans la police pour être armé », sourit-il face à la caméra, allant jusqu'à dévoiler, dans les sous-sols de son domicile, sa séance quotidienne de rameur. « Dieu a créé des hommes comme nous pour que vous puissiez dormir tranquille [*sic*] », écrit-il en 2023 sous une photo de profil sur Facebook. Sur ce réseau social, l'homme aime se mettre en scène, mâchoire carrée, regard noir et muscles saillants, parfois le visage tuméfié après une séance de boxe, torse nu, un scorpion (son signe astrologique) tatoué sur le pectoral. Sur d'autres clichés, Teddy Mammeri arbore fièrement un fusil Famas à la main et un treillis militaire sur le dos, souvenirs de sa vie d'avant. Dans les récits de Teddy, sa carrière de militaire du rang – qui s'achève au grade de caporal-chef – devient celle d'un soldat d'élite, membre « des forces spéciales » ou mieux, des « services secrets », auquel on aurait confié les missions les plus dangereuses. N'a-t-il pas été, après tout, couronné de la médaille militaire, en avril 2010, au terme d'une carrière de vingt et un ans ? Le soldat officiait principalement comme chauffeur de « hautes personnalités », souvent au service du colonel. Parfois, l'homme laisse entendre sur des messages internes à la PM (que j'ai pu consulter) qu'il remplit toujours des missions de renseignement. Difficile, avec lui, de distinguer la légende de la réalité. L'homme aime romancer sa vie. Selon plusieurs sources, le fonctionnaire a animé pendant plusieurs mois un compte sous pseudo sur les réseaux sociaux, aujourd'hui fermé, baptisé au fil des semaines « le vengeur masqué » ou « Le soldat gunfighter ». Sur les captures d'écran, que j'ai obtenues, il s'y livre à des séances débridées d'autocélébration au cours de dizaines de messages. « Le vengeur masqué à [*sic*] encore frappé à Fréjus… Mais qui est donc ce flic hors norme qui travaille toujours de nuit pour éviter d'être connu du grand public… Qui est toujours prêt à mettre sa vie en danger pour les citoyens de cette belle cité… Qui est toujours entouré d'une équipe de barbouzes qui œuvres [*sic*] dans l'ombre du vengeur masqué... qui c'est [*sic*] faire preuve d'abnégation pour laisser la vedette aux autres afin de ne pas être dévoilé au grand public... car en fait le monde n'est pas prêt... Oui vous n'êtes pas prêt [*sic*] à savoir qui est ce flic fréjusien. moitié homme moitié robot qui ne dort jamais la nuit et veille sur vos âmes... » Des publications que l'agent relativise, lorsque je l'interroge, en prétextant une plaisanterie entre collègues. « Vous savez comment m'appellent mes délateurs ? "Le mytho." Alors j'exagère le trait. J'en joue, j'en rigole », plaide l'intéressé par téléphone.

Non content d'avoir francisé son prénom à son arrivée dans l'armée (de Saïd à Teddy), le policier s'est aussi accolé une particule « de Constantine » (sa mère est originaire de cette ville de l'Est algérien), qui ne figure pas sur sa carte d'identité mais dont il s'attribue l'usage. Aux petites frappes, il n'hésite pas à parler arabe, pour instaurer une proximité ou calmer une situation. Avec ses collègues, le policier vocifère pourtant contre les Maghrébins qui ne respectent rien, et surtout pas les coutumes françaises. L'ex-militaire a la nostalgie de sa vie sous les drapeaux, de son adrénaline, de sa violence, et de ses règlements de comptes, plus virils, francs et directs que cette vie d'agent municipal contraint de respecter les procédures. À Fréjus, le policier s'affranchirait souvent des lois, selon plusieurs témoignages, celles qui obligent le policier municipal à n'intervenir qu'en flagrant délit face à une infraction. Quand ses hommes pistent discrètement un dealer présumé (ce qu'ils ne sont pas supposés faire), ils doivent attendre que le suspect oublie de mettre son clignotant pour arrêter le véhicule, et n'ont pas le droit de le fouiller avant l'arrivée de la police nationale. Quoi de plus frustrant pour un homme d'action ? « Aujourd'hui je suis policier en France et c'est très très compliqué de faire la même chose 😂 Au moins avec les militaires beaucoup t'intervention se traitait sur place [*sic*] ! ! Un figth [*sic*] en tête à tête pour les plus vaillants qui voulaient tester la police militaire et le problème était réglé... Ho oui frérot ça me manque le temps où les hommes portaient leurs couilles... aujourd'hui ils te provoquent et ensuite courent porter plainte », déplore Teddy Mammeri sur Facebook en pleine discussion avec un ancien coéquipier.

« Ils », ce sont bien sûr ces délinquants issus de l'immigration, que Teddy Mammeri accuse de manquer de respect. « C'est des véritables merdes.fort en nombre et en manque de couilles une fois seul... 30 kilos tout mouillé chouté au cannabis doté d'un langage ou les mots "whech fils de pute ta mère la pute ça va" », déplore-t-il avant de se plaindre des hommes politiques, coupables de donner selon lui la nationalité à des multirécidivistes sans respect pour les valeurs françaises. Dans une autre publication, Teddy *alias* « le vengeur masqué » se vante d'avoir

« débusqué la planque des méchants… Tout ça de nuit à deux face à 100… ». Une vantardise qui corrobore de nombreux témoignages affirmant que, sous les ordres de Mammeri, les policiers outrepassent largement les missions dévolues à la police municipale. Au sein du quartier prioritaire de la Gabelle, ses hommes opèrent des planques, visitent des caves, dans ce qui s'apparente à de petites enquêtes de stups. Parfois, la main se fait lourde. Coups de matraque, insultes, mises à terre… Au point de provoquer, selon plusieurs agents, l'embrasement du quartier. « J'ai un langage qui peut choquer les dames bien-pensantes de Paris. Je m'adapte à ma clientèle, voilà pourquoi. Mais 95 % de mes interventions se passent très très bien », jure Teddy Mammeri, qui réfute toute violence.

La situation a néanmoins poussé plusieurs agents à demander leur changement de service ou à déménager. D'autant que Teddy Mammeri peut se montrer menaçant avec ceux qui critiquent ses décisions. « Viens vers moi, sois un bonhomme », lance-t-il un jour à un agent qui se permet de questionner ses ordres. L'homme aime se battre, pendant et en dehors de ses heures de service. Il aime aussi faire savoir qu'il possède, chez lui, plusieurs armes.

Qui pourrait vraiment menacer le duo Eygazier-Mammeri, au sein de la police municipale de Fréjus ? Les deux hommes n'exercent pas seulement une emprise morale sur ceux qui restent, mêlée de crainte et d'intimidation physique. Ils ont aussi fait en sorte, ces dix dernières années, de recruter des fidèles, souvent passés par l'armée, comme eux. Des frères d'armes, avec lesquels ils partagent le même langage, les mêmes codes et la même passion pour les grosses bécanes américaines. La plupart de ces hommes se retrouvent au sein d'une confrérie d'un genre particulier, les Gunfighters. Un regroupement international de motards des forces de l'ordre, originaire des États-Unis mais dont les antennes (nommée des « chapitres ») sont également présentes dans l'Hexagone. Les membres se retrouvent plusieurs fois par an pour de grands week-ends durant lesquels ils peuvent participer à des concours de bras de fer, s'émerveiller devant des performances de démolition de voitures ou assister à des séances de *pole dance* et autres « shows sexy », avant de profiter d'un concert de rock ou de country. Plus que la passion de la moto, les membres partagent surtout le sentiment d'appartenir à une communauté de justiciers en guerre contre les forces du mal.

Le chapitre des Gunfighters de la Côte d'Azur ne déroge pas à la règle. Ici, tout est symbole. Hiérarchie, codes et même tenue : plusieurs soirs par mois, les participants troquent leurs uniformes respectifs pour une épaisse veste en cuir sans manches, toujours noire, sur laquelle sont brodés surnoms, grades et maximes. Eygazier, un temps président de l'antenne locale, s'y fait appeler « Jason », et échange le soir venu son strict habit de directeur de la police municipale pour un bandana noir et blanc noué autour du crâne et le blouson noir de circonstance. Teddy « le Soldat » aime coller des écussons américains sur le sien. Des souvenirs rapportés d'un de ses nombreux voyages aux États-Unis, pour mettre en avant ses « très hautes fonctions à l'international », en tant que responsable de la sécurité des membres au niveau européen.

Combien sont-ils, en Europe ou en France, ces membres des forces de l'ordre amoureux des Harley-Davidson ? « On ne peut pas vous le dire, sinon tout le monde va le savoir », glisse mystérieusement Teddy Mammeri. À Fréjus, selon mes comptes, une petite dizaine d'agents de la police municipale de Fréjus sont entrés dans cette amicale des motards : « le Sniper », « le Soldat », « le Jackass », « le Wardog »... Essentiellement membres des brigades de nuit ou de la brigade canine. Ils y côtoient des douaniers, des policiers nationaux, des pompiers de la région... Tous se retrouvent sous ce symbole, cette tête de mort en noir et blanc, hommage aux policiers tués (notamment lors des attentats du 11 septembre 2001), ornée d'un chapeau de shérif et entourée de deux pistolets à six coups braqués sur le citoyen. Un petit bonhomme surnommé, même à

Fréjus, Léo, pour *Law Enforcement Officer* (« agent des forces de l'ordre »).

Une américanisation qui va jusqu'à adopter d'autres codes, comme « la *thin blue line* », cette petite ligne bleue qu'on retrouve sur l'uniforme de certains policiers fréjusiens. Le symbole, discret, représente la frontière entre le bien et le mal. L'extrême droite américaine en a fait un emblème : le détail, souvent inaperçu pour les profanes, a fait son apparition il y a quelques années en France. Certains policiers municipaux de Fréjus l'ont glissé en écusson ou sur leur gilet pare-balles. « Vous m'apprenez qu'il s'agit d'un symbole politique », jure Hervé Eygazier, qui m'assure aussi ignorer que la gendarmerie nationale a récemment rappelé à ses troupes l'interdiction de la porter.

Parfois, les symboles se dessinent à l'encre noire, à même la peau. Ainsi « Wardog » (« chien de guerre », en anglais), de son vrai nom Anthony Guignon, policier maître-chien, arbore sur le crâne un énorme tatouage de l'archange saint Michel, symbole du combat contre les forces du mal. Au-dessus du dessin à l'encre noire, cette formule : *La Patria Rex*. Sur Internet, le même n'hésite pas à utiliser une rhétorique identitaire, se présentant comme « un guerrier français » ou « un Gaulois » en lutte contre les forces du mal. Un champ lexical que je retrouve lorsque celui-ci s'épanche, sur Facebook, au sujet des opérations de maintien de l'ordre de la police municipale. « Même face à une centaine de racailles on tiendra la ligne ! On a tenus on a avancé et on a gagner ! La ligne bleu tiens et le prouve chaque jours que dieu fait ! ! ! Ils font les beau de loins très loins mais même en surnombre ils ne viennent pas ! Hier a été encore une preuve de notre détermination face à eux ! PN et PM côtes à côtes ! » écrit-il, fautes incluses, en référence à une mission tendue opérée conjointement par les polices nationale et municipale.

Ce groupe, presque un clan, gêne les autres agents, convaincus que leur carrière aurait connu meilleur déroulé s'ils avaient eux aussi appartenu au gang de motards. Hervé Eygazier n'a-t-il pas profité des heures de service pour convoquer tous les policiers et leur présenter l'association dont il avait la charge ? « Avec les *gunfighters*, il s'agit juste du plaisir de rouler ensemble, de participer à des rassemblements. L'association n'a rien à voir avec la police », affirme le principe intéressé.

David Rachline, obnubilé par son bilan sécuritaire, ne relève pas. Le maire a été jusqu'à confier à l'association un local municipal, dans le quartier de Bellevue. L'édile le sait : l'extrême droite a toujours pu compter sur les associations d'amateurs de grosses cylindrées les jours de vote. La police municipale lui rend également de précieux services. C'est un secret, mais au sein de l'équipe, le maire dispose d'un nom de code : « soleil », utilisé quand il s'agit de le protéger ou de l'escorter au retour d'une soirée alcoolisée. Un pseudo déjà utilisé lorsqu'il fallait récupérer en urgence, la nuit venue, Élie Brun, l'ancien maire, en piteux état. Il arriverait aussi aux policiers de couvrir les incartades des élus de la ville. « Je vais gérer », répond selon plusieurs témoignages Hervé Eygazier lorsque l'adjoint, Christophe Chiocca, rentre dans une voiture, ivre, selon des témoins[1]. Le directeur aurait fait en sorte de lui éviter toutes suites judiciaires, même s'il refuse aujourd'hui de revenir sur ces épisodes. « Je vous mets au défi de prouver quoi que ce soit », maugréait-il. La même mansuétude aurait protégé la conseillère départementale et élue municipale RN Sonia Lauvard lorsque, selon plusieurs témoins des suites de l'affaire, elle provoque un scandale dans une grande surface après avoir été attrapée avec des bijoux fantaisie au fond de son sac. Un épisode sur lequel l'intéressée ne souhaite pas donner sa version, affirmant « qu'il ne s'est quasiment rien passé », et invoquant l'absence de poursuites judiciaires.

En échange, les policiers municipaux s'accorderaient de petites libertés. Pourquoi s'en priver,

1. « Ces différents témoignages sont inexacts », selon l'élu, qui précise que l'accident n'a pas eu lieu dans le centre-ville mais ne commente pas le fait que l'accrochage soit survenu en état d'ébriété.

puisque le maire lui-même semble mener la belle vie, et que d'autres, comme à l'association sportive AMSLF, se servent aussi sur la bête publique ? Teddy Mammeri a ainsi fait relier l'alarme personnelle de sa maison au réseau du PC radio de la police municipale. « L'installateur était un contrevenant, qui avait obtenu que Teddy ne lui retire pas son permis, en échange de la mise en service de son alarme », raconte un membre du premier cercle du chef de la patrouille nocturne. Sur les mains courantes que j'ai obtenues, il est noté qu'une brigade de policiers municipaux se déplace quand l'alarme se déclenche, une première fois le 11 septembre 2017, une deuxième le 15 août 2019. « C'est légal », rouspète Teddy Mammeri, qui nie en revanche catégoriquement avoir fait appel aux services gratuits d'une personne interpellée.

Il arriverait aussi à quelques agents municipaux d'arrondir leurs fins de mois en travaillant pour le Rassemblement national comme agents de sécurité sur leurs jours de congé pendant les grands événements du parti. Sur des photos, on voit une partie de la police municipale poser, tout sourire, aux côtés d'élus RN, drapeau français en arrière-plan, immense poster de Marine Le Pen en fond. Des participations poussées, selon eux, par une simple curiosité non rémunérée.

Qui le sait ? Les policiers fréjusiens effectuent également des missions de sécurité quasi privée.

Au bar du Kazaar, chez l'ami de David Rachline, certains policiers viennent parfois en civil lorsque Marine Le Pen est présente, pour filtrer les entrées et les sorties, et sécuriser le périmètre. Sur une des photos obtenues, Teddy Mammeri et Hervé Eygazier posent, vestes noires et sourire de circonstance, à gauche de Marine Le Pen. Deux autres agents les accompagnent : plusieurs témoins m'ont raconté, en détail, avoir observé la troupe se comporter comme des agents de sécurité au service du parti d'extrême droite. « Je suis allé voir ce qui se passait, oui, pour que tout se passe bien, qu'il n'y ait pas de problème. Je suis arrivé, mes collègues étaient déjà là. On a fait une photo, on a fait une photo », se justifie mollement le directeur de la sécurité publique. Un peu plus tôt, le réserviste du 21e RIMa m'avait prévenue, accent chantant mais voix grave : « Je vais vous donner un conseil amical : soyez très prudente. On sait d'où ça vient, et ce n'est pas fiable, pas du tout. »

14

PANIQUE AU RN

L'Express est sorti de l'imprimerie la veille au soir. Ce jeudi 12 janvier 2023, d'épaisses piles rouge et noir sont livrées chez les marchands de journaux de l'Est-Var. À l'intérieur du magazine, trois pages, dix-huit mille signes, sur ce que nous avons décidé de titrer « Le système David Rachline ». J'y raconte une partie de ce que je sais et, surtout, ce que je suis en mesure de prouver et de défendre, si besoin, devant un tribunal. Avec la direction du journal, nous avons relu l'article jusqu'au dernier moment, pesé chaque mot, chaque formule, aidé de l'avocat de l'hebdomadaire.

Il règne sur Fréjus une ambiance de calme avant la tempête. À la librairie-presse de Puget-sur-Argens, l'ancien directeur de cabinet de David Rachline, Pierre Boué, attend l'ouverture du kiosque à journaux. Devant lui, deux militants locaux du Rassemblement national. « Nous voudrions acheter tous les numéros de *L'Express* », tentent-ils. « Ah, non ! Laissez-m'en un », s'oppose l'ancien collaborateur du maire.

En quelques minutes, les numéros sont également introuvables au grand Carrefour de Fréjus, et bientôt dans tous les points de vente de la ville. À Fréjus

Plage, c'est le gérant du Kazaar lui-même, le fameux Jean-Louis Gibert, qui se charge de la course, selon un témoin. Dans le centre-ville, Christopher Pecoul, salarié au cabinet du maire, cache discrètement ses exemplaires sous le bras. La ficelle est vieille comme la presse : pour éviter que ses administrés ne tombent sur un article dérangeant, le maire demande à ses hommes de confiance de tout rafler. À l'heure d'Internet et des réseaux sociaux, la combine semble désuète. D'autant que le journal organise rapidement un réapprovisionnement des points de vente du Var.

Dans son bureau, David Rachline tempête. Depuis notre entretien du 4 janvier, le maire convoque un à un les acteurs du dossier. « Ça commence à être chaud », lâche-t-il à l'un d'entre eux. Quand il reçoit ses proches, le fêtard a sa voix des mauvais jours. « Pose ton téléphone, éteins-le, et range ta veste là-bas », intime-t-il à ses interlocuteurs. Le maire de Fréjus est désormais persuadé d'avoir été mis sur écoutes par les services de police. Les fuites, jure-t-il à un ami, ne peuvent venir que d'une source judiciaire. « Cette salope doit avoir accès au dossier », glisse-t-il à l'encontre de l'autrice de ces lignes. Sa secrétaire de mairie est désormais chargée de convoquer les uns et les autres à des rendez-vous. Quand il ne peut pas déléguer, M. le maire utilise exclusivement WhatsApp. « Surtout, ne dites plus rien au téléphone », ordonne-t-il à ses proches. « Si la journaliste t'écrit, tu fonces chez moi. Surtout, tu fonces », enjoint-il à certains, dans un murmure, sur la bande que je me suis procurée. Les réunions les plus sensibles – celles des marchés publics – sont organisées à son domicile, où l'adjoint aux finances Gilles Longo retrouve parfois Alexandre Barbero, pour des discussions confidentielles, selon plusieurs témoignages. Enfermé dans son antre, David Rachline retrace, lui, avec méthode, le parcours de la montre Hublot. Qui savait ? Qui a aidé à la cacher ? Où se trouve cette satanée facture qui prouve tout ? Il faut dénicher les taupes. Julie Lechanteux, qu'il sait être à l'origine de certaines fuites après leur rupture, est particulièrement visée. « La pire des salopes », souffle l'ancien compagnon sur la piste audio.

À Paris, l'article tourne parmi les députés du Rassemblement national, à l'écart des boucles WhatsApp officielles. « Je n'ai pas mis ma montre aujourd'hui », glisse, hilare, le député du Gard Nicolas Meizonnet à l'un de ses collègues dans l'hémicycle. Le 12 janvier, jour de la niche parlementaire du Rassemblement national, où tous les maristes sont priés de se montrer unis autour de Marine Le Pen, Julie Lechanteux a le visage fermé, assise sur le banc en dessous de sa patronne. Mais ni la députée du Pas-de-Calais ni Jordan Bardella ne prennent de mesures pour se prémunir des répercussions d'une enquête ou d'un scandale. Le nouveau président du

RN décide même de monter au front pour défendre son ami. La riposte a lieu le 17 janvier, quand, invité à la matinale de RTL, le député européen est interrogé par la journaliste Amandine Bégaud.

« L'hebdomadaire *L'Express* a publié une grande enquête sur la gestion de la ville de Fréjus, pointant du doigt les méthodes de David Rachline, maire RN. Achat notamment d'une montre à 15 000 euros payée en partie en liquide au nom de son chauffeur, des relations troubles avec un entrepreneur du BTP… Lui dénonce des allégations diffamatoires et fantaisistes… On est loin de la gestion parfaite mise en avant depuis des années ? »

Réponse de Jordan Bardella, pincé :

« Non… Il y a un article qui est sorti dans *L'Express*, et *L'Express* est poursuivi en diffamation par la mairie de Fréjus. Il a porté plainte, ses avocats ont porté plainte et la ville a effectué un droit de réponse sur des “on dit que” de la part de gens qui sont des adversaires locales [*sic*] du maire de Fréjus, qui, je le répète, a été élu dès le premier tour en 2020. »

En moins d'une minute, le député européen vient de proférer trois mensonges. 1) Ni *L'Express* ni moi-même n'avons jamais été poursuivis pour diffamation (ou quelque autre motif), 2) pour la simple raison que David Rachline n'a jamais porté plainte. 3) La Ville de Fréjus n'a jamais envoyé le moindre droit de réponse à la rédaction. La technique – invoquer une plainte jamais déposée – constitue là encore un classique de la communication politique en temps de crise.

David Rachline, lui, a mieux à faire, convaincu d'être l'objet d'une enquête, et donc bientôt d'une perquisition. Le maire vit depuis des années dans la peur d'une descente de police qui mettrait à jour son train de vie et ses secrets. À certains proches, il a laissé des consignes, en cas d'ennuis judiciaires. Un numéro de téléphone, un peu d'argent…

Autour de lui, la machine lepéniste serre les rangs depuis des semaines. Jusqu'à exercer une franche pression sur ceux susceptibles de prendre la parole. Le député européen RN Thierry Mariani est de ceux-là. L'ex-ministre de Nicolas Sarkozy et ancienne figure de l'UMP connaît bien les ficelles de la politique, ses roublardises et ses sous-entendus. Le parlementaire, ancien élu du Vaucluse, fréquente de loin en loin Pierre Boué depuis l'époque du RPR ; il n'ignore en rien que son passage de quelques mois au cabinet de David Rachline s'est soldé par un licenciement douloureux pour l'ex-collaborateur du maire. Début janvier, le cadre mariniste décroche son téléphone : « Salut, Pierre, je voulais te présenter mes vœux. » La conversation ne badine pas longtemps. « Je t'appelle pour te demander… Es-tu au courant de l'article en préparation ? » Puis : « Pierre, tu avais candidaté pour travailler au sein du groupe parlementaire RN… Sache que les gens qui ont été embauchés ne font pas l'affaire. Il y a des postes qui vont se libérer… Pierre, je te le dis, à 64 ans, on peut ne plus jamais travailler. Mais il y a des possibilités, tu le sais ! Ton intérêt, c'est de ne pas sortir ce que tu as. » Thierry Mariani a-t-il promis à Jordan Bardella qu'il allait l'aider à « calmer » son ancien collègue ? Le député européen confirme l'existence de la conversation. « À un moment, Boué m'avait parlé de trucs, me raconte-t-il. Et je lui ai simplement dit que, quand on cherchait du boulot à son âge, la meilleure solution ce n'est pas de planter son patron. » Il nie cependant avoir agi en service commandé par la direction du parti.

Selon Pierre Boué, c'est Thierry Mariani, déjà, qui l'avait dissuadé d'aller porter plainte lorsque, en conflit avec son employeur, il avait trouvé des ouvriers, à 7 heures et demie du matin dans son bureau, en train de supposément raccorder des fils dans le faux plafond. Sur la photo qu'il a prise de la scène, on aperçoit clairement une latte manquante, et un gros fil noir qui pend juste au-dessus du bureau. Deux ouvriers sont debout, sur une échelle en acier. « On vient régler la luminosité des spots », lui jure l'un d'eux. Quelques jours plus tard, le vendredi 30 juillet 2021, Pierre Boué raconte avoir été convoqué par le maire, sommé de s'expliquer sur une conversation téléphonique qu'il a eue, la veille au soir, dans son propre bureau, à l'heure où la mairie est normalement vide. David Rachline :

« Vous avez dit hier à votre femme que vous alliez appeler TF1 pour donner des informations ?

– Monsieur le maire, il n'y avait personne dans les bureaux. Comment avez-vous su ?

– Et si j'ai des gens qui écoutent aux portes ?

– Il n'y avait personne.

– Qu'est-ce que ça peut vous faire que je connaisse cette information ? Et par les moyens que je veux ? »

Pierre Boué en est persuadé : personne n'écoutait derrière l'épaisse porte beige qu'il a fait capitonner lors de sa prise de poste. Si David Rachline est en mesure de lui citer mot pour mot les échanges téléphoniques avec son épouse, c'est parce qu'il a fait installer un système d'écoutes dans son bureau, comme semblent le démontrer les photos qu'il a prises. Une affaire dont Thierry Mariani nie avoir eu connaissance. « Fais pas le con, quand même », a-t-il néanmoins soufflé à Pierre Boué en conclusion.

Au sein de la formation lepéniste, on ne parle pas du dossier Rachline, signe que les choses sont assez sérieuses pour être tues. En réunion de groupe, à l'Assemblée nationale, Renaud Labaye a simplement ordonné aux 89 députés de ne plus m'adresser la parole. « Cette journaliste est une militante », défend le secrétaire général du groupe, en mettant en avant le fait que j'ai utilisé sur un plateau de télévision, quelques jours plus tôt, le qualificatif « extrême droite » pour désigner la formation lepéniste. Labaye n'est pas seulement le bras droit de Marine Le Pen : le Versaillais, poli comme tout ancien saint-cyrien, doit son entrée en politique à David Rachline, dont il a d'abord été le collaborateur parlementaire au Sénat, avant de jouer les pères fouettards des élus RN. « Vous êtes installée dans un long, long, long purgatoire », me glisse en riant le député RN Jean-Philippe Tanguy, croisé aux abords de l'Assemblée nationale. Pour la première fois, en quatre ans de suivi de ce parti, des élus RN me demandent de déplacer nos rendez-vous dans d'autres arrondissements de Paris, loin du Palais-Bourbon, pour ne pas être vus en ma compagnie.

À Fréjus, consigne a été passée à tous les agents de ne pas répondre aux journalistes. « Je vous rappelle que toute demande d'information, par courriel, téléphone ou tout autre moyen de la part de la presse auprès d'un service doit au préalable faire l'objet d'une information et d'une validation du cabinet de Monsieur le Maire », signale, début avril, un mail adressé à tous les services municipaux. David Rachline, lui, oscille entre peur panique et réassurance. Sur l'un des fichiers audio que je me suis procurés, il murmure un soir à un visiteur : « Dis-toi bien que tout ça est improuvable. »

ÉPILOGUE

MARINE, LA GRANDE AMIE

Marine Le Pen passe une jambe au-dessus du bateau, puis une autre, et saute sur la plage. En ce début d'été 2023, la triple candidate à la présidentielle goûte quelques jours de douceur dans le Var, en famille, accompagnée de sa mère et de ses enfants. Mais la politique n'est jamais loin quand on s'appelle Le Pen. Dans son voyage, la présidente du groupe RN à l'Assemblée nationale a embarqué ses deux fidèles soldats, Jordan Bardella et David Rachline, le local de l'étape. L'imposant voilier sur lequel ils naviguent lui permet de profiter de la douceur du golfe de Saint-Tropez en toute confidentialité. Quand elle a vu Jordan Bardella poser fièrement debout, au soleil couchant, sur le pont du bateau, vêtu d'un tee-shirt bleu marine siglé « Marine nationale », la petite-fille de marin n'a pas pu s'empêcher de sourire.

Ce samedi 24 juin, il faut toucher terre. Pour déjeuner, la petite compagnie a choisi un endroit bien connu du maire de Fréjus, le Prao, un bar de plage privé, dans l'anse de la Nartelle, à Sainte-Maxime. Ici, une clientèle aisée, désireuse d'être vue et de voir, laisse traîner ses sacs de luxe sur des transats matelassés, sirote un cocktail en écoutant le DJ passer une insipide playlist électro. Les Varoises botoxées y croisent quelques familles de touristes étrangers aisés, attablés devant une côte de bœuf d'un kilo deux cents à 150 euros, en dégustant le vin du Clos des Roses. L'endroit a l'avantage d'être familier de la bande, propriété d'Alexandre Barbero au sein de sa holding HDI. Cette fois, le chef d'entreprise n'est pas venu en personne accueillir Marine Le Pen, comme lors des soirées de gala organisées en marge des rentrées politiques, qui se terminent toujours par une grande fête au Clos des Roses, en présence du propriétaire.

Pour le confort de ses hôtes, Alexandre Barbero n'a néanmoins pas oublié de faire ouvrir l'étage VIP, une terrasse en bois à l'abri des regards, surplombant la mer et le peuple. Marine Le Pen savoure la compagnie de David Rachline. Comme chaque année ou presque depuis que ce dernier lui a offert Fréjus sur un plateau.

La députée du Pas-de-Calais ne s'est jamais exprimée publiquement sur mes révélations dans *L'Express*, en janvier 2023, concernant la mystérieuse montre de son ami, ni dans les médias ni lors de réunions officielles du parti. Il aura fallu attendre que je vienne lui en parler, le 19 juillet 2023, lors d'une conférence de presse à l'Assemblée nationale. Robe bleu marine, escarpins blancs, visage hâlé et reposé après son séjour varois, la présidente du groupe RN arbore ce jour-là un brushing blond Le Pen impeccable. Sa mâchoire carrée et son timbre rauque suffisent à incarner l'autorité. Vient l'heure des échanges avec la presse. Je lance : « Marine Le Pen, une question concernant le vice-président du parti, David Rachline. En janvier dernier, une enquête de *L'Express* relevait des faits pouvant être caractéristiques de corruption. Une autre enquête de *Libération* renforçait ces éléments, en mai. Le maire dispose notamment d'une grande quantité de montres de luxe dont au moins une, c'est avéré, a été achetée en liquide au nom de son chauffeur. Une question en trois points, donc. 1) Avez-vous discuté du sujet avec lui ? 2) Avez-vous diligenté une enquête interne ? 3) Incarne-t-il toujours, selon vous, le symbole d'une gestion municipale exemplaire ? »

Sur son pupitre, la fille de Jean-Marie Le Pen se crispe, mais l'animal politique ne cille pas. « Madame la juge », commence-t-elle avec ironie à mon égard. « Madame la juge, je considère que d'autres juges que vous – qui ont quelques qualifications supplémentaires, j'en suis convaincue – se sont saisis de cette affaire et vont mener l'enquête. David Rachline se défend de l'ensemble des faits qui lui sont reprochés. La justice doit établir quelle est la situation. Dans l'attente de cela, je conserve à David Rachline, évidemment, toute ma confiance. » Malgré l'attaque contre mon travail, la prudence transpire dans sa réponse. « Dans l'attente » du travail de la justice… Marine Le Pen a-t-elle conscience que l'affaire peut lui exploser à la figure, et entacher sa promesse d'une gestion RN irréprochable ?

L'an passé, le 16 mars 2022, elle laissait encore l'animateur star de C8, Cyril Hanouna, présenter le maire de Fréjus comme « son meilleur ami », invité à révéler au grand public le visage amical et privé de la candidate à la présidentielle. Lors de ce « Face à Baba » qui, ce jour-là, semble taillé sur mesure pour la candidate lepéniste, le vice-président du RN semble étouffer dans son costume, étranglé par une cravate bleu marine trop serrée. Quand Marine Le Pen lance dans un sourire : « Je le connais depuis son plus jeune âge, et on a déjà vingt ans de complicité », David Rachline répond en se raclant la gorge, manifestement mal à l'aise : « C'est une femme qui a beaucoup de qualités. Le courage, la pugnacité, l'honnêteté. »

Cyril Hanouna : « C'est vraiment une amie ? »

David Rachline : « Oui, oui, elle est très à l'écoute.

– Même un souci de cœur ?

– Il lui est arrivé de me remettre dans le droit chemin… »

Marine Le Pen l'interrompt dans un sourire : « Pour son bonheur ! »

Avec son ancien directeur de campagne en 2017, Marine Le Pen adopte souvent cette posture mi-maternelle mi-professorale. La triple candidate à la présidentielle ne compte pas tant d'amis que ça, essentiellement entourée par des collaborateurs qui la flattent ou des affidés en attente d'investitures avantageuses. L'avocat Frédéric-Pierre Vos – chez qui elle se réfugie parfois l'été dans sa grande maison bretonne – devait à l'origine tenir le rôle « du meilleur copain » dans l'émission, avant de renoncer, par peur de voir sa carrière compliquée par ce premier engagement public. Reste David Rachline, donc, dont le nom a été poussé par Jordan Bardella, grand promoteur au sein du RN de l'émission de C8.

Avec le maire de Fréjus, Marine Le Pen peut, c'est vrai, se targuer d'une relation longue, d'une amitié ancienne et d'une absolue fidélité. « Marine Le Pen aime être avec ceux qui ont une dépendance psycho-affective à son égard. David Rachline, c'est un peu le petit frère », analyse le député européen Nicolas Bay, ancien RN désormais passé chez Reconquête !.

Avec David Rachline, Marine Le Pen peut compter sur une révérence décomplexée. Tous les proches du maire ont remarqué qu'il changeait d'attitude en sa présence, adoptait un timbre plus doux, une attitude plus mesurée, et une réserve qui tranche avec sa gouaille fréjusienne. Quand la députée du Pas-de-Calais l'appelle, le maire, avachi dans son fauteuil en cuir, se redresse immédiatement, intime le silence à ceux qui l'entourent : « C'est Marine. »

La rengaine, immuable, décroche un sourire aux spectateurs de ces scènes. « Elle est la seule qu'il craint, la seule qu'il ne veut pas décevoir », confie un compagnon de route. C'est à Fréjus que Marine Le Pen organise, entre 2014 et 2021, sa rentrée politique, généralement lors des premiers week-ends de septembre.

Avec elle, David Rachline partage des vacances dans le Var, mais aussi des réveillons niçois, chez Bruno Bilde et Steeve Briois, où le député et le maire d'Hénin-Beaumont possèdent une résidence secondaire. Marine Le Pen y goûte un peu de légèreté, se cache parfois sous une perruque brune pour une balade le long de la promenade des Anglais, et se couche toujours tôt, même le soir du 31 décembre. Lors de la Saint-Sylvestre de 2018, elle entonne, bras dessus bras dessous avec David Rachline, son répertoire de chansons ringardes préférées, Alain Barrière, Michel Sardou et Johnny Hallyday, bien sûr. En 2019, les amis se retrouvent à nouveau. Jordan Bardella, qui n'est encore ni député européen ni président du RN, complète la troupe.

Quatre ans plus tard, la joyeuse bande s'est scindée. Le duo Bilde-Briois mène une guerre perdue d'avance contre Jordan Bardella. David Rachline, lui, navigue toujours entre les deux clans, même s'il soutient évidemment le président du RN. Jamais du mauvais côté du manche. Marine Le Pen, elle, garde une affection mêlée de méfiance pour cet ami qu'elle sait encombrant. Contrairement à ce qu'elle laisse entendre chez Cyril Hanouna, les affaires amoureuses de l'édile ne sont pas la préoccupation majeure de la cheffe de file du RN, soucieuse de faire des communes maristes une vitrine exemplaire pour son parti. En privé, elle s'est plusieurs fois inquiétée au sujet des rumeurs récurrentes sur les relations de David Rachline avec le monde de l'entreprise. « Tout ça finira mal », a-t-elle lâché un jour. Et même si la patronne a au début protesté, elle a rapidement donné son accord à tous les renvois d'ascenseur avec les élus Les Républicains du Var, sans opposer son veto en commission nationale d'investiture.

Depuis 2015 et la crise entre Julie Lechanteux et David Rachline, Marine Le Pen ne peut ignorer les accusations de corruption : l'ancienne compagne de David Rachline a prévenu, selon plusieurs témoins directs, deux de ses plus proches conseillers, Bruno Bilde et Florian Philippot (le premier dément aujourd'hui avoir été informé et le second invoque des trous de mémoire). Croit-elle à une volonté de vengeance dénuée de fondement, ou fait-elle mine de ne rien voir ? « Elle l'appelle une fois par mois, il est sous haute surveillance. Elle ne cesse de lui donner des conseils », jure un ancien membre du cabinet du maire de Fréjus. Pas au point de diligenter une enquête interne au sujet de son vice-président, ni sur les faits de corruption, ni sur les saluts nazis rapportés.

Seul Bruno Bilde me lancera un jour, dans un café, juste avant de me quitter : « Le pire, c'est qu'on s'en doutait tous… »

Je me retourne.

« Pourquoi ?

– Car dès le début il a gardé les mêmes personnes autour de lui que dans la majorité municipale précédente, elle-même corrompue… »

ANNEXES[1]

1. Les réponses sont reproduites en l'état et en intégrité, sans modifier ni le fond ni l'orthographe.

ANNEXE 1

RÉPONSES DE DAVID RACHLINE, ENVOYÉES LE 17 AOÛT 2023 PAR L'INTERMÉDIAIRE D'UN MEMBRE DE SON CABINET, CHRISTOPHER PECOUL

1. L'existence d'un accord avec Élie Brun, en 2014, m'a été détaillée et confirmée par de nombreux témoins (son maintien au second tour en échange d'une protection accordée à certains proches, en particulier Marcel Sabbah). Comment justifiez-vous un tel arrangement ?

Un tel accord n'a jamais existé et je précise d'ailleurs que lors de la campagne électorale pour la municipale de mars 2014, je n'ai jamais rencontré Monsieur Brun en personne.

À l'époque, j'étais en effet son principal opposant et Monsieur Brun avait tout fait pour faire naître une coalition politique de rassemblement contre ma liste.

2. Comment expliquez-vous qu'Élie Brun ait encore eu la jouissance de sa voiture de fonction deux mois après sa défaite, en 2014 ?

Monsieur Brun a gardé l'usage de ce véhicule jusqu'à ce que j'en ai connaissance et à partir de ce moment, j'ai mis fin à cette utilisation indue.

Une question avait d'ailleurs été posée lors d'un conseil municipal à laquelle j'avais répondu.

3. J'ai eu connaissance du fait qu'Alexandre Barbero vous a régulièrement remis de l'argent en liquide, notamment lors de vos rendez-vous au Clos des Roses. Comment justifiez-vous ces enveloppes ?

Non en aucun cas. Je ne comprends même pas que vous osiez poser une telle question. C'est inacceptable. Je n'ai jamais reçu aucune enveloppe de quiconque. Je gagne honnêtement ma vie et d'ailleurs, tous mes revenus sont publics puisqu'ils proviennent exclusivement de mes mandats électifs.

Je vous précise que j'ai satisfait à l'ensemble des obligations déclaratives auprès de la Haute Autorité pour la transparence de la vie publique (HATVP) qui a jugé mes déclarations régulières et qui a même analysé la variation de mon patrimoine entre le début et la fin de mon précédent mandat (2014 à 2020) en considérant qu'il n'y avait aucune difficulté à relever.

Il faut donc arrêter les fantasmes et les fausses accusations. Je n'ai pas d'autre lien avec ce monsieur que ceux d'un Maire avec un acteur économique local.

4. J'ai obtenu plusieurs courriers et documents récents qui prouvent l'implication de Marcel Sabbah bien au-delà de la question des parkings. Que fait Marcel Sabbah, chargé des EPL, dans les commissions d'appels d'offres des contrats publics ? À quel titre doit-il être « prévenu et mis en copie pour toutes les décisions financières », comme j'ai pu le constater dans un email interne à vos services ?

Monsieur SABBAH était directeur général adjoint de la Ville et avait en charge le pôle « Vie des quartiers » (les festivités, direction des interventions techniques, éclairage public, service sons et lumières, signalisations et associations).

Il était également le directeur de l'établissement public local gérant les stationnements payants de la Ville. Il a pris sa retraite en novembre 2021 et ne travaille donc plus au sein de la Ville de Fréjus.

Toutefois, et comme la loi le lui permet, il a conclu un contrat de travail en tant que directeur adjoint de l'établissement des stationnements (qui est juridiquement distinct de la Ville) afin d'accompagner la nouvelle directrice de l'établissement dans ses nouvelles fonctions.

Ainsi, lorsqu'il était DGA de la Ville, il a participé, comme tous les DGA et bon nombre d'autres fonctionnaires de la Ville, aux commissions d'appel d'offres.

Je précise toutefois que cette participation en tant que fonctionnaire se faisait sans droit de parole au moment de la délibération et bien sûr, sans droit de vote. Depuis son départ à la retraite, Monsieur SABBAH n'a jamais participé à une commission d'appel d'offres pour la Ville de Fréjus.

Il participe en revanche aux réunions et aux commissions qui concernent l'établissement des stationnements dont il est le directeur adjoint, et en particulier au projet du futur parking de la Promenade des bains.

5. Dans un enregistrement en ma possession on vous entend parler d'argent « liquide en grande quantité » gardé par vos proches et de « transferts ». De quel argent liquide parlez-vous ?

C'est grotesque !

6. Pourquoi avoir confié à Julien Laszkiewicz une grande somme d'argent liquide, gardée à son domicile en 2015 ?

C'est à nouveau grotesque. Cela relève du pur fantasme !

7. Pourquoi m'avoir affirmé, le 2 janvier, à cinq reprises, n'avoir « qu'une montre Rolex », alors que vous possédez deux Rolex, une Cartier, et une Hublot ?

Contrairement à votre confrère de *Libération*, je ne considère pas que vous menez une réelle enquête.

Vous vous contentez de tenir pour vrai des accusations proférées par des opposants politiques ou par des anciens collaborateurs qui se sont lancés dans une démarche de vengeance après avoir été licenciés. Vous avez alimenté des polémiques fantaisistes et diffamatoires autour de mes montres et n'avez cherché à découvrir la vérité.

Comme je l'ai précisé à votre confrère, j'ai 3 montres : une hublot achetée via mon chauffeur et réglée avec l'argent que m'a remis ma mère lorsque j'ai été élu Maire et Sénateur en 2014, et qui provenait de mon père, décédé.

J'ai également une montre Cartier offerte il y a quelques années par un ami proche qui, je le précise, n'habite pas le territoire et n'est pas en lien d'affaires avec la Ville. J'ai enfin une montre Rolex offerte par mon ex-beau-père, et qui, je le précise encore, n'a jamais eu de lien d'affaires avec la Ville.

8. D'où viennent toutes ces montres ?

Réponse ci-dessus.

9. Votre montre Hublot a été enregistrée et facturée au nom d'Arnaud Collier. Pourquoi ?

Je ne souhaitais pas mettre en avant un tel achat, qui n'est jamais bien perçu pour un homme politique.

10. Pourquoi avoir acheté des bijoux, en liquide, au nom de Farshad Forouzandeh, destinés à votre ancienne compagne Magalie Bury ?

C'est n'importe quoi !

11. Vous avez à plusieurs reprises conseillé à des entrepreneurs nationaux désireux de mener des projets sur Fréjus de passer par Jean-Pascal Clément pour les plans afin d'obtenir un permis de construire. Pourquoi ?

C'est absolument insensé ! Je vous précise que tous les permis de construire de Fréjus sont instruits en toute indépendance et impartialité par le service urbanisme de la Ville et dans les règles du PLU.

12. Pourquoi avoir autorisé, en septembre 2022, le Clos des Roses à augmenter sa surface au sol de 600 m² sur deux niveaux soit 1200 m² supplémentaires ? En 2014, vous aviez pourtant fait campagne sur « la fin du bétonnage ».

Vous n'avez manifestement aucune connaissance du fonctionnement d'une Commune et des procédures d'autorisations d'urbanisme.

Dès lors qu'une demande est déposée, un Maire est obligé d'accorder un permis de construire si celui-ci est conforme aux règles en vigueur, et ce, même si le Maire n'est pas favorable au projet. Cela s'appelle l'État de Droit.

13. En pleine épidémie de Covid 19, Philippe Lottiaux, votre DGS, vous envoie ce message, évoquant Emmanuel Macron : « Je n'écoute même pas ce connard de sa race. Et le vaccin obligatoire = je ne le ferai pas. Je trafiquererai des fausses attestations PCR. » Dans la conversation Whatsapp, aucune condamnation de votre part. Vous confiez également à des proches à la même période avoir fait une « fausse vaccination » en payant une infirmière pour obtenir un vrai certificat sans injection. Comment l'expliquez-vous ?

Je n'ai pas à commenter ou à juger les propos d'autrui. Je vous rappelle qu'en France, le secret médical est un principe précieux auquel je suis particulièrement attaché. Je n'ai donc en aucun cas à me justifier sur ma vaccination.

14. Comment expliquez-vous l'organisation de soirées dans votre bureau à la mairie en pleine épidémie de Covid-19 et malgré le couvre-feu ?

C'est faux ! Lors du confinement, je me suis rendu en Mairie uniquement pour gérer les urgences induites par la crise sanitaire.

15. Entre 2017 et 2020, vous organisiez plusieurs soirées par semaine, parfois jusqu'à 5 heures du matin dans votre bureau. Les plaintes de vos voisins quant aux nuisances sonores sont nombreuses. Comment justifiez-vous cela ?

C'est vraiment farfelu ! Je n'organise pas de soirées à la Mairie.

En revanche, il peut arriver que des réunions avec mes collaborateurs se prolongent dans la soirée, ce qui n'a rien d'exceptionnel pour un maire ! S'agissant des plaintes, à ma connaissance, il n'y en a jamais eu et si c'est le cas, vous me l'apprenez.

16. Lors de ces soirées, vous êtes régulièrement aperçu ivre, la consommation d'alcool y est toujours extrêmement importante. La boisson est un élément qui revient sans cesse lorsqu'il est question des affaires de la mairie, des soirées à l'issue des conseils municipaux et de vos soirées privées… Avez-vous un problème avec l'alcool ? Êtes-vous consommateur de drogues ?

C'est parfaitement faux. Votre question est outrageante et déplacée.

17. Comment expliquez-vous que Jordan Bardella n'ait pas payé, ou de façon résiduelle, ses séjours chez Alexandre Barbero lorsqu'il dort au Touring, à Saint-Raphaël ?

Je ne sais pas et cela ne me regarde pas !

18. À l'automne 2022, vous avez participé à une réunion au Clos des Roses, autour d'Alexandre Barbero, en présence de Didier Brémond mais aussi de nombreux hommes d'affaires, un directeur de Cogedim,

Didier Pugnères, l'avocat Pierre Montoro et une poignée d'entrepreneurs locaux. Il a été question de l'élection du nouveau président du conseil départemental. Comment justifiez-vous cette réunion ?

Les rencontres entre les élus et les acteurs économiques n'ont rien d'extraordinaire ! Je ne connais pas un seul élu en France qui ne rencontre pas les acteurs économiques de son territoire.

19. Des éléments troublants laissent à penser que Pierre Boué, votre ancien directeur de cabinet, a été enregistré à son insu dans son bureau, à une époque où vous n'aviez plus confiance en lui. Comment expliquez-vous avoir été en mesure de lui répéter mot pour mot des conversations privées tenues au téléphone avec son épouse ? Avez-vous mis son bureau sur écoutes ?

Je suis surtout troublé de lire votre question et de constater le crédit que vous portez aux dires de cette personne farfelue que j'ai licencié pour perte de confiance, et qui a finalement abandonné son recours au Tribunal administratif de Toulon lorsqu'il a réalisé qu'en réalité il n'y a jamais eu de micro dans son bureau !

20. Depuis l'arrivée de Fabien Sgarra – imposé par vous-même – à la tête de l'AMSLF, les comptes de l'association sont dans le rouge. Le nouveau président

a passé entre autres des contrats d'accessoires sportifs pour plusieurs dizaines de milliers d'euros à une entreprise dont il est proche. La mairie a dû accorder une rallonge de 435 000 euros. Comment justifiez-vous ce choix de président, quand l'ancien titulaire du poste, Hervé de Serna, donnait toute satisfaction et conservait un équilibre financier salué y compris par la cour régionale des comptes ? Pourquoi Monsieur Sgarra est-il toujours à son poste ?

Je n'ai jamais imposé personne ! C'est le Conseil d'Administration de l'association qui l'a élu, au sein duquel je n'ai jamais siégé. Contrairement à ce que vous affirmez, le bilan financier de cette association est positif et non pas négatif. Je vous invite à vous rapprocher de cette association et de son Président.

21. La police municipale de Fréjus est l'un des services dont vous êtes le plus fier. Cautionnez-vous les méthodes utilisées par la brigade de nuit et par la brigade mobile d'intervention ? Selon mes informations, elles dépassent régulièrement les missions propres à une police municipale : violence verbale et physique, perquisitions, interpellations en dehors du flagrant délit...

Je vous rappelle que les policiers municipaux de Fréjus interviennent dans le strict cadre qui est le leur et oui, je vous confirme que je suis particulièrement fier de la police municipale de Fréjus.

22. Il est arrivé à des policiers municipaux d'assurer la sécurité d'événements de Marine Le Pen. Il est aussi arrivé à des policiers municipaux de sécuriser le Kazaar, en filtrant les entrées et les sorties, lorsque des élus nationaux RN étaient présents pour faire la fête. Il est arrivé aux policiers municipaux, enfin, de protéger certains adjoints ou vous-même, en étouffant certains comportements délictueux (accident de la route d'un élu, vol commis par une adjointe). Considérez-vous qu'il s'agit d'un usage normal des moyens municipaux ?

La police municipale de Fréjus sécurise l'intégralité des manifestations publiques qui se déroulent sur le territoire. Je vous précise par ailleurs que les enquêtes judiciaires ne relèvent pas de la police municipale, qui n'a jamais reçu l'ordre de couvrir quiconque.

23. Comment expliquez-vous l'embauche récurrente de conjoints d'adjoints ou de conjoints de membres de votre cabinet ? Julien Laszkiewicz, par exemple, compte de nombreux amis embauchés par vos soins : Sandie Mercier à l'AMSLF, Maxime Sgolmin-Giraudo à l'office du tourisme, Christopher Pecoul au cabinet du maire, Adrien Forestier à la petite enfance, Arnaud Collier aux parcs de la Ville et Jean Aguesse au centre d'animation. Son ancienne belle-sœur, Charlène Ciccoli, est votre secrétaire.

Vous promettiez d'en finir avec un système « des copains » : comment expliquez-vous une telle politique d'embauches ?

Je vous précise que je n'ai pas le pouvoir de recruter au sein de l'AMSLF et de l'office de tourisme. Pour ce qui concerne la Ville, tous les agents publics ont été recrutés selon les règles en vigueur et par le service des ressources humaines.

24. J'ai noté que Christophe Chiocca, l'adjoint chargé du tourisme, qui cumule pourtant son indemnité d'adjoint au maire avec celle de conseiller départemental, bénéficiait toujours du logement social attribué à sa mère. Thierry Sarrauton, une fois élu, a pu déménager dans un logement social neuf. La fille de Brigitte Lancine, gérante d'un salon de coiffure, a obtenu une petite maisonnette individuelle, à la Tour de Mare, rarissime sur le marché. Comment l'expliquez-vous, dans une ville sous-dotée en logements sociaux comme la vôtre ?

Je ne siège pas aux commissions d'attribution de logements sociaux, qui ne dépendent d'ailleurs pas uniquement de la Ville, mais du bailleur social et d'autres collectivités tel que le Département.

25. J'ai également obtenu la preuve que Thierry Sarrauton facturait de manière illégale la rédaction d'actes juridiques pour les commerçants ambulants

lorsqu'il était adjoint au maire chargé des questions juridiques. Une fraude qui a été notifiée par écrit à Philippe Lottiaux, par mail en mars 2021, dont j'ai obtenu copie. Pourquoi ne pas l'avoir sanctionné à l'époque ?

Lorsque les services de la Ville ont été informés de cette situation, un rappel à l'ordre a été effectué et il a été demandé à Monsieur Sarrauton de cesser immédiatement son activité.

26. Votre ami Arnaud Le Forestier a obtenu l'organisation du Summer Vibes Festival et gère la buvette des arènes de Fréjus. Des opportunités commerciales, confiées de façon discrétionnaire par vos soins, à cet ami fidèle. Selon quels critères ?

Le summer vibes festival est un événement privé, qui n'est pas géré par la Ville et qui ne donne donc pas lieu à une mise en concurrence.

Dans ce cadre, la gestion de la buvette est libre, mais la Ville perçoit une redevance d'occupation du domaine public, comme elle le fait avec tous les organisateurs d'événements privés sur le territoire communal.

ANNEXE 2

RÉPONSES ENVOYÉES PAR ALEXANDRE BARBERO LE 18 AOÛT 2023

1. À plusieurs reprises, des remises d'enveloppes d'argent liquide ont été faites, notamment au Clos des Roses, pour rémunérer David Rachline et Marcel Sabbah. Comment justifiez-vous cet argent ?

En effet je n'ai jamais donné à qui que ce soit et à quelque endroit que ce soit des espèces pour « rémunérer » Monsieur SABBAH ou Monsieur RACHLINE ; vos affirmations péremptoires sont donc aussi gravissimes que diffamatoires ;

2. Concernant les chantiers privés, comment se fait-il que, pour obtenir un permis de construire, il soit fortement conseillé à des constructeurs nationaux de passer d'abord par votre ex-beau-frère, Jean-Pascal Clément, pour les plans afin d'obtenir un permis de construire, et par vos entreprises pour la VRD (voirie et réseau divers) ?

Concernant Monsieur CLEMENT celui-ci n'est pas mon beau-frère, mais mon ex-beau-frère divorcé de ma sœur depuis de nombreuses années, et je ne vois pas qui aurait le pouvoir d'imposer à des constructeurs d'envergure nationale de passer impérativement par lui pour obtenir un permis de construire alors qu'il suffit pour cela de respecter les règles d'urbanisme ; j'imagine d'ailleurs que sur le secteur de nombreux particuliers ou professionnels ont pu obtenir un permis de construire avec un autre architecte ;

3. Concernant les appels d'offres publics, plusieurs témoins m'affirment que vous donnez régulièrement des consignes à la mairie de Fréjus, pour intégrer telle clause ou tel label à l'appel d'offres, et ainsi vous assurer de son obtention. Comment justifiez-vous une telle position hégémonique ?

Je n'ai jamais imposé une quelconque « clause ou label » dans un appel d'offre et je ne vois pas d'ailleurs quelle clause ou label pourrait permettre à mes sociétés d'être assurées d'obtenir un marché alors que nous sommes constamment à la lutte avec des groupes d'envergure nationale susceptible de disposer de toutes les qualifications ou « label » nécessaires ; vous m'attribuez donc des « pouvoirs » surréalistes dont je ne dispose aucunement le tout sous couvert de témoins bien évidemment anonymes.

4. Vous vous entretenez régulièrement à huis clos avec le maire de Fréjus et Marcel Sabbah, dans le

bureau du premier, au sein de vos établissements ou au domicile de l'élu. Pour quoi faire ?

Je ne m'entretiens aucunement « régulièrement à huis clos avec le Maire de Fréjus et Monsieur SABBAH » en quelque lieu que ce soit, les entretiens « professionnels » que j'ai pu avoir avec Monsieur le Maire portant sur le projet de stade de football en cours depuis de nombreuses années et en ma qualité de président du club de football local, alors par ailleurs que je n'y ai aucun intérêt professionnel puisque si ce projet venait enfin à voir le jour je ne pourrai soumissionner aux appels d'offres.

ANNEXE 3

RÉPONSES ENVOYÉES PAR MARCEL SABBAH, LE 17 AOÛT 2023

1. Comment décririez-vous aujourd'hui votre poste ?

Je suis directeur adjoint de la régie de stationnement de la Ville de Fréjus, après avoir été directeur général adjoint des services de la Ville de Fréjus en charge du pôle vie des quartiers.

2. Comment expliquer votre présence aux commissions d'appels d'offres de la mairie alors que vous êtes officiellement en charge des parkings de la ville ?

Depuis mon départ à la retraite en tant que DGA de la Ville, je ne siège plus qu'aux commissions qui concernent les affaires de la régie des stationnements. Jusqu'en novembre 2021, en tant que DGA je participais effectivement aux commissions relevant de mon pôle.

3. Comment justifiez-vous qu'Alexandre Barbero vous donne des enveloppes d'argent en liquide lors de certains de vos rendez-vous ?

Je n'ai jamais reçu la moindre enveloppe de la

part de Monsieur Barbero. Votre question me choque beaucoup.

4. Plusieurs témoins affirment que vous êtes à la fois l'initiateur et l'intermédiaire à l'origine d'un « pacte de corruption » entre le maire de Fréjus et Alexandre Barbero. Que répondez-vous à ce sujet ? En quoi consistent vos rendez-vous réguliers avec Monsieur Barbero ?

C'est honteux ! Je fais l'objet de rumeurs depuis des années qui sont totalement infondées et clairement diffamatoires. Je vous précise que lorsque je rencontre Monsieur Barbero, c'est uniquement dans le cadre de mes fonctions au sein du club de foot dont il est le président.

ANNEXE 4

RÉPONSE ENVOYÉE PAR JULIEN LASZKIEIWCZ, LE 12 SEPTEMBRE 2023

1. Selon les informations dont je dispose, vous avez gardé de l'argent en liquide appartenant à David Rachline à votre domicile pendant plusieurs mois. Comment expliquez-vous cela ? Qui vous a remis ces sommes ? Combien de temps les avez-vous gardées ?

Cela est absolument faux et totalement ridicule : je n'ai jamais eu quoique ce soit en ma possession. Je suis sidéré que vous puissiez donner de l'importance à ce ragot que vous qualifiez « d'information », et qui n'a a priori que pour seul but de nuire au Maire de Fréjus.

(La question suivante a été coupée à sa demande par respect de sa vie privée.)

Quant à la l'honnêteté de David Rachline, je n'en ai aucun doute ! Proche collaborateur pendant plusieurs années, je n'ai jamais constaté quoique ce soit de cette nature. Ces accusations sont fantaisistes avec un seul but : nuire et entacher la réputation du premier parti politique de France.

REMERCIEMENTS

Un immense merci à toute l'équipe des Arènes, et particulièrement à mon éditeur, Laurent Beccaria, pour avoir su m'attendre, m'épauler, me rassurer et m'accompagner tout au long de ce projet, malgré les épreuves de la vie.

Merci à tous ceux, anonymes, salariés de la mairie ou de l'agglomération, chefs d'entreprise ou fonctionnaires, retraités ou en service, qui m'ont accordé leur confiance en dépit des risques. Vos témoignages, votre courage et votre force font ce livre. Je vous remercie du fond du cœur.

Merci à la rédaction de *L'Express* et à sa direction, au service politique, pour avoir accueilli dans ses pages un premier volet de l'enquête, point de départ de ce projet. Mes pensées et ma gratitude pour mes deux chefs de l'époque, Laureline Dupont et Éric Mandonnet : votre confiance et votre bienveillance me portent, aujourd'hui encore.

Merci à la rédaction de *L'Obs*, à sa directrice, Cécile Prieur, et à Maël Thierry, chef du service politique, pour leur confiance dans cette nouvelle et palpitante aventure.

Merci à mes confrères qui ont suivi, ces quatre dernières années, le Rassemblement national au quotidien avec moi, pour leur camaraderie et leur solidarité. Merci à ceux qui continuent d'enquêter, de fouiller, de documenter. Ceux qui utilisent encore le qualificatif « extrême droite » se reconnaîtront particulièrement.

Merci à Maurin, chauffeur et garde du corps sur ses vacances, agrégé relecteur à ses heures, pour m'avoir accompagnée, attendue et soutenue lors de mes reportages varois.

Merci à l'IMEC, magnifique institution, de m'avoir ouvert ses portes et offert son calme pour commencer l'écriture de ce livre.

Merci au service d'archives de *Var-Matin*.

Un immense merci, enfin, à celui qui partage ma vie et mes projets les plus fous. Ce livre n'aurait jamais vu le jour sans ton aide si précieuse et ton infaillible soutien. Avec toi, tout est beau, l'avenir plus encore.

BIBLIOGRAPHIE

Christian Bouchet, *Les Nouveaux Nationalistes*, éditions Déterna, 2001.

Charlotte Rotman, *20 ans et au Front : les nouveaux visages du FN*, Robert Laffont, 2014.

Robin d'Angelo et Mathieu Molard, *Le Système Soral. Enquête sur un facho business*, Calmann-Lévy, 2015.

Marine Turchi et Mathias Destal, *« Marine est au courant de tout... » Argent secret, financements, hommes de l'ombre : une enquête sur Marine Le Pen*, Flammarion, 2017.

Fabrice Drouelle, « Yann Piat : des rumeurs et des faits », « Affaires sensibles », France Inter, octobre 2014.

TABLE

L'EXEMPLAIRE QUE VOUS TENEZ ENTRE LES MAINS A ÉTÉ RENDU POSSIBLE GRÂCE AU TRAVAIL DE TOUTE UNE ÉQUIPE.

ÉDITION : Laurent Beccaria
COUVERTURE ET CONCEPTION GRAPHIQUE : Éric Pillault
RÉVISION : Agnès Aubry, Fabrice Émont et Isabelle Paccalet
MISE EN PAGE : Soft Office
PHOTOGRAVURE : Point 11
FABRICATION : Louise Clément
COMMERCIAL ET MARKETING : Pierre Bottura
COORDINATION : Jean-Baptiste Noailhat
MARKETING ET COMMUNICATION DIGITALE : Clémentine Malgras
RELATIONS LIBRAIRES : Salomé Bernard
PRESSE ET COMMUNICATION : Isabelle Mazzaschi
LES ARÈNES DU SAVOIR : Pierre Bottura avec Marc Blactot, Flore-Anne d'Arcimoles, Adèle Hybre et Clémentine Malgras
RUE JACOB DIFFUSION : Élise Lacaze (direction), Katia Berry (grand Sud-Est), François-Marie Bironneau (Nord et Est), Charlotte Jeunesse (Paris et région parisienne), Christelle Guilleminot (grand Sud-Ouest), Laure Sagot (grand Ouest), Diane Maretheu (coordination), Charlotte Knibiehly (ventes directes) et Camille Saunier (librairies spécialisées)

DISTRIBUTION : Interforum

DROITS FRANCE ET JURIDIQUE : Geoffroy Fauchier-Magnan et Marion Rowe
DROITS ÉTRANGERS : Ella Bartlett
DROITS AUDIOVISUEL, THÉÂTRE, PODCAST : Alba Beccaria et Geoffroy Fauchier-Magnan
ACCUEIL ET LIBRAIRIE : Laurence Zarra et Lucie Martino
ENVOIS AUX JOURNALISTES ET LIBRAIRES : Vidal Ruiz Martinez
COMPTABILITÉ ET DROITS D'AUTEUR : Christelle Lemonnier, Camille Breynaert et Christine Blaise
SERVICES GÉNÉRAUX : Isadora Monteiro Dos Reis

L'ensemble de cet ouvrage a été réalisé dans le respect des règles environnementales en vigueur. Il a été imprimé par un imprimeur certifié Imprim'vert, sur du Lac 2000 PEFC pour l'intérieur et une carte Crescendo PEFC pour la couverture.

La couverture et la bande ont été imprimées par
Déjà Link à Stains (Seine-Saint-Denis).

Achevé d'imprimer sur les presses de l'imprimerie
CPI Firmin Didot à Mesnil-sur-l'Estrée (Eure)
en octobre 2023.

Certifié PEFC

Ce produit est issu de forêts gérées durablement et de sources contrôlées.

PEFC™ 10-31-3068

pefc-france.org

ISBN : 979-10-375-1059-4
Numéro d'impression : 176883
Dépôt légal : Novembre 2023

En France, un livre a le même prix partout. le « prix unique du livre » instauré par la loi de 1981 pour protéger le livre et la lecture. L'éditeur fixe librement ce prix et l'imprime sur le livre. Tous les commerçants sont obligés de le respecter. Que vous achetiez votre livre en librairie, dans une grande surface ou en ligne, vous le payez donc au même prix. Avec une carte de fidélité, vous pouvez bénéficier d'une réduction allant jusqu'à 5 % applicable uniquement en magasin (les commandes en ligne expédiées à domicile en sont exclues). Si vous payez moins cher, c'est que le livre est d'occasion.